Açúcar e Colonização

Açúcar e Colonização

Vera Lucia Amaral Ferlini

Copyright © 2010 Vera Lucia Amaral Ferlini

Publishers: Joana Monteleone/Haroldo Ceravolo Sereza/Roberto Cosso
Edição: Joana Monteleone
Editor Assistente: Vitor Rodrigo Donofrio Arruda
Projeto gráfico e diagramação: Patrícia Jatobá U. de Oliveira
Revisão: José Muniz Jr.
Capa: Pedro Henrique de Oliveira
Imagem da capa: *Brasilia Qua Parte Paret Belgis, Amsterdam*, 1647,
de Georg Marggraf e Johanes Blaeus

CIP-BRASIL. CATALOGAÇÃO-NA-FONTE
SINDICATO NACIONAL DOS EDITORES DE LIVROS, RJ

F394a
Ferlini, Vera Lucia Amaral, 1944
AÇÚCAR E COLONIZAÇÃO
Vera Lucia Amaral Ferlini
São Paulo: Alameda, 2010.
268p.

Inclui bibliografia
ISBN 978-85-7939-011-1

1. Agroindústria canavieira – Brasil – História. 2. Brasil – História – Período colonial, 1500-1822. 3. Brasil – Condições sociais. I. Título.

09-5023.

CDD: 981.03
CDU: 94(81)"1500/1822"

015415

ALAMEDA CASA EDITORIAL
Rua Conselheiro Ramalho, 694 – Bela Vista
CEP: 01325-000 – São Paulo – SP
Tel.: (11) 3012-2400
www.alamedaeditorial.com.br

*Aos meus netos,
Lucas, Giovanna, Isabela e Henrique,
com quem espero
repartir muitas histórias.*

SUMÁRIO

INTRODUÇÃO 9

PARTE I — COLONOS E COLONIZADORES 37

A saga da colonização: 39
Gabriel Soares de Sousa e o Tratado Descritivo do Brasil

Resistência e acomodação: 63
os holandeses em Pernambuco (1630-1640)

PARTE II — VIVÊNCIAS COLONIAIS 99

Salvador: 101
porto do Brasil, cidade do açúcar, espelho da colônia

Do verde das matas ao verde dos canaviais 123

Festas, folguedos e feriados 135

Organização empresarial e mentalidade econômica 157
no período colonial

PARTE III — AS MUDANÇAS DA TERRA 177

Açúcar e escravos no Brasil colonial: as capitanias do Sul 179

O mito do latifúndio 211

CONSIDERAÇÕES FINAIS 233

FONTES E BIBLIOGRAFIA 239

ABREVIATURAS

ANTT – Arquivo Nacional da Torre do Tombo, em Lisboa.

AHU – Arquivo Histórico Ultramarino, em Lisboa.

APB – Arquivo Público do Estado da Bahia, em Salvador. Foram utilizados Códices da Seção Histórica (SH) e da Seção Juriciária (SJ).

APP – Arquivo Público de Pernambuco.

AIEB - Arquivo do Instituto de Estudos Brasileiros, em São Paulo. Foram consultados códices da Coleção Lamego.

ABNRJ – Anais da Biblioteca Nacional do Rio de Janeiro.

DH – Documentos Históricos.

HAHR – Hispanic American Historical Review.

RIAHGP – Revista do Instituto Arqueológico, Histórico e Geográfico de Pernambuco.

RIHGB – Revista do Instituto Histórico e Geográfico Brasileiro.

Introdução

Nos três séculos da colonização portuguesa na América, com base no monopólio fundiário da exploração escravista, forjou-se, no contexto do Antigo Sistema Colonial, poderosa articulação social, capaz de engendrar sólida estrutura de mando e encaminhar, a partir do final do século XVIII, o processo de emancipação, a internalização da acumulação e a afirmação do Estado Nacional. Longo processo, em que a terra, apropriada por meio do privilégio real e explorada pelo braço escravo, constituiu-se na pedra angular da dominação.

Esse arranjo implicou em forma contraditória e híbrida de organização social, cuja compreensão passa, necessariamente, pelo entendimento da expansão portuguesa, nas suas dimensões territoriais e políticas. É preciso indagar como se reproduz, na colônia (produzindo, também, uma nova realidade), as formas de dominação vigentes na metrópole, associando a afirmação/ expansão do poder político imperial aos interesses dos grupos mercantis e às aspirações daqueles que, ao se engajar nas lides das conquistas, buscavam nas novas terras posições e honrarias.[1] Várias têm sido as explicações para a maneira específica como se organizou a sociedade e o poder político português dos descobrimentos. Sem dúvida, o caráter mercantil da empreitada, aquilo que na longa duração deu sentido ao movimento, tanto mascarou as outras motivações que impulsionaram as navegações como tendeu a homogeneizar, sob a aparência de racionalidade e estatismo, os aspectos contraditórios, nivelando, sob a capa do capitalismo em formação, as formas não capitalistas.[2]

---

1 Cf. Florestan Fernandes. *Circuito fechado*. São Paulo: Hucitec, 1978, p. 34.

2 Fernando Novais assinala: "No plano econômico, por exemplo, defrontamo-nos com uma produção dominantemente mercantil que imprime a dinâmica ao conjunto e portanto não mais a economia 'natural' dominante no feudalismo; mas ainda não capitalista, pois a força do trabalho ainda não se mercantilizara". "Condições de privacidade na colônia", In: *História da vida privada*. São Paulo: Companhia das Letras, 1997, vol. 1, p. 15. Sobre a discussão da economia colonial como capitalista, principalmente tomando por base os trabalhos nos engenhos, veja-se: Antonio de Barros de Castro. *Escravos e senhores de engenhos do Brasil: um estudo sobre os trabalhos do açúcar e a política econômica dos senhores*. Campinas: Unicamp, Tese de doutorado, 1976; "As mãos e os pés do senhor de engenho", In: Paulo Sérgio Pinheiro. *Trabalho escravo, economia e sociedade*. Rio de Janeiro: Paz e Terra, 1984; Maria Sylvia de Carvalho Franco. "Organização social do trabalho no Período Colonial", In: Paulo Sérgio Pinheiro. *Op. cit.*; Edgar de Decca. *O nascimento das fábricas*. São Paulo: Brasiliense, 1982. Uma excelente e crítica síntese da questão encontra-se em Sedi Hirano. *Pré-capitalismo e capitalismo*. São Paulo: Hucitec, 1988.

Em sua afirmação, a dominação portuguesa na América favoreceu a concentração do poder nas mãos dos agentes da colonização, que exerceram as funções necessárias ao cumprimento do papel da Colônia. E, mesmo se não levarmos em conta a necessidade de produção em larga escala para o mercado mundial (que, nas condições do grande capital mercantil, requeria grandes unidades produtivas), a existência de espaços vazios na colônia eliminava, a priori, a disponibilidade de trabalhar para os outros e, dessa forma, dificultava o estabelecimento, no espaço americano, de organização social e de poder semelhante à vigente em Portugal, onde uma minoria privilegiada, distinta da massa pelo monopólio territorial, dominava uma larga massa despossuída.

Nos domínios portugueses da América, a organização fundiária sedimentou formas de domínio compatíveis às metropolitanas, e a política de monopólio de terras, além de atender às necessidades mercantis, criou as bases da estrutura de poder. Ao mesmo tempo, favoreceu a dominação econômica e configurou poderosa articulação social, capaz de reproduzir a dominação, definindo como eixo da sociedade não apenas a escravidão, mas a grande propriedade escravista.[3] Se o monopólio da terra fazia da grande propriedade a base do poder e da reprodução da dominação

---

3 "No caso, a relação patrimonial permitia condicionar a transferência da ordem estamental que servia existente em Portugal: as concessões de sesmarias demarcavam as estruturas de poder que não podiam nem deviam ser destruídas, como condição histórica para manter a estratificação estamental que servia de base social à existência e ao fortalecimento do Estado patrimonial". Florestan Fernandes. *Op. cit.*, p. 34. Sobre o patrimonialismo na monarquia portuguesa, veja-se Eduardo d'Oliveira França. *O poder real em Portugal e as origens do absolutismo.* São Paulo: FFCL/USP,

metropolitana, o caráter mercantil da produção exigia uma larga base de mão-de-obra destituída, possível somente nas condições americanas, pela compulsoriedade do trabalho.[4]

O processo de exploração colonial constituiu organização política e social que garantiu a configuração mercantil em benefício da Coroa: uma sociedade que tinha como elementos reprodução e interiorização do arranjo patrimonial e os princípios estamentais de hierarquia social portugueses. Vistas desse ângulo, as relações entre Metrópole e Colônia, Coroa e colonos abandonam o caráter de exterioridade e podem ser apreendidas em sua totalidade, capaz de explicar, ao mesmo tempo, a estratificação social colonial e as formas de dominação aqui implantadas.[5]

Tese de doutorado, 1946; Raymundo Faoro. *Os donos do poder*. 2ª ed. Porto Alegre/São Paulo: Globo/Edusp, 1975, 2 vols.

4   Um fértil debate sobre a gênese do escravismo moderno travou-se, no Brasil, nas décadas de 1960 e 70, polarizando-se entre a explicação da fronteira aberta e a criação de um "proletário" possível para o capital, nas condições coloniais. Para uma síntese, veja-se Vera Lucia Amaral Ferlini. *Terra, trabalho e poder*. O mundo dos engenhos no Nordeste colonial. São Paulo: Brasiliense, 1988, p. 17-24.

5   "É levando tudo isso em conta que podemos pressentir as dificuldades do processo de tomada de consciência da situação colonial por parte dos colonos, ou a tortuosidade das veredas de nosso percurso. Lento, dificultoso, penoso percurso de gestação dessa comunidade imaginária" que, na definição de P. Anderson, constitui a nação. Nas Índias de Castela, parece ter sido mais intensa essa tomada de consciência; lá, os colonos se nominavam *criollos*. *Mazombo*, que entre nós seria o termo correspondente, nunca teve a mesma difusão ou generalização. Na América portuguesa, o mais comum era chamar de *reinóis* aos nascidos na Metrópole. Quer dizer: os colonos hispânicos identificavam-se positivamente pelo que eram ou

Teoricamente, no século XVI, a sociedade portuguesa definia-se por três ordens tradicionais ou estados. A posição de cada um demarcava-se pela função e também pelo privilégio de nascimento, pelo status, pelos costumes e pela maneira de viver. A divisão tripartite, em clero, nobreza e povo abrigava juridicamente uma sociedade mais complexa e variada.[6] Todavia, a simplificação jurídica regrava uma complexidade objetiva e, embora a maior diferença fosse entre peões e gente de morqualidade, outros elementos de matização social tornavam-na mais densa. A sociedade de ordens ou estados aparecia como construção jurídica a legislar e reduzir, na prática, as diversas posições individuais, os padrões de privilégio e honra.[7]

A ordem mais privilegiada e que constituía o referencial de ordenação e de comportamento social era, sem dúvida, a nobreza. Em troca de sua obrigação teórica de defesa, gozava de uma série de isenções e privilégios perante a lei e podia

---

acreditavam ser ("nós somos *criollos*"); os luso-brasileiros identificávamo-nos negativamente ("nós não somos reinóis"), pelo que sabíamos não ser. Nos tempos de frei Vicente, a percepção dessa diferença era apenas nascente; aflora nas entrelinhas dos *Diálogos das grandezas do Brasil* (1618), e o nosso cronista refere-se aos povoadores não só como "os que de lá vieram, mas ainda aos que cá nasceram". Distantes, portanto, estávamos ainda daquela clareza com que se expressava, em 1803, Luis dos Santos Vilhena: "Não é das menores desgraças o viver em colônia". In: Fernando Novais, "Condições de privacidade na Colônia". *Op. cit.*, p. 25-6.

6   Stuart Schwartz. *Segredos internos*. São Paulo: Companhia das Letras, 1988, p. 210.

7   Vitorino de Magalhães Godinho. *A estrutura da Antiga Sociedade Portuguesa*. Lisboa: Arcádia, 1971, p. 75.

usufruir de postos no governo e de deferência social. Definia-se, fundamentalmente, pelo que o nobre não fazia (trabalhar com as próprias mãos, ter loja aberta, exercer ofício, viver de soldadas) e se constituía no parâmetro de todo o edifício social. O outro pólo dessa sociedade, dentro da ordenação feudal que lhe deu origem, era constituído pelos camponeses, considerados pessoas de menor qualidade.[8]

Essa polarização não correspondia à realidade concreta e, no século XVI, mesmo em Portugal, o terceiro Estado comportava internamente outro tipo de divisão. Havia os artesãos (com sua hierarquização entre mestres e aprendizes e que gozavam, separadamente, de representação nos conselhos) e outros grupos funcionais, a se distinguir da simplificação dos três estados. Além desses dois princípios — o estamental e o funcional — outros, como o princípio da pureza de sangue, estabeleciam parâmetros de organização social.[9]

---

8   José Mattoso. *Identificação de um País*. Lisboa: Imprensa Universitária/Editorial Estampa, 1985, vol. 2, p. 347-89.

9   Sobre a complexidade social portuguesa e o significado de fidalguia e nobreza, veja-se Joaquim Romero de Magalhães. "Grandes títulos e fidalgos" e "Mobilidade e cristalização social". In: José Mattoso (org.). *História de Portugal*. Lisboa: Estampa, 1994, vol. 3, p. 487-508. O autor ressalta que "o fidalgo era nobre. Nem todo o nobre era fidalgo. Em fins do século XV, a expressão 'nobreza' ainda pouco aparece como designando o todo do grupo aristocrático, sendo muito corrente como adjetivo." [...] "Nobre simplesmente refere-se aos que têm um comportamento que os aproxima da fidalguia, pela vida que podem levar, por ricos. Nobre é aquele que mostra qualidades de nobreza, que sabe agir de um modo honroso e socialmente prestigiado".

A mais aparente, entretanto, foi a divisão em Estados ou ordens – clero, nobreza e braço popular. Arranjo essencialmente jurídico, constituía divisão de valores e de comportamentos estereotipados, fixados de uma vez para sempre, salvo raras exceções; nela se ocupava uma posição numa estrutura rígida, segundo a posse ou não de títulos e do direito a certas formas de tratamento. Essa sociedade comportava canais de ascensão social para mercadores, advogados, oficiais da coroa; contudo, ao atingirem, as posições mais elevadas, esses indivíduos eram obrigados a incorporar os padrões de comportamento e de vida mais tradicionais da nobreza, uma vez que era esta a camada que ditava as normas. Assim, o reconhecimento social dos indivíduos que ascendiam só se dava por meio da adoção de hábitos e atributos da nobreza.

A estratificação vigente em Portugal à época dos descobrimentos foi a matriz para a organização social da colônia americana e para a estruturação das formas de poder político dominante, mas a ela foram acrescentados outros princípios de ordenação, que surgiram das condições de ocupação, de raça, de cor e de status – distinções específicas resultantes da realidade americana, o que, como apontou Schwartz, resultou em uma sociedade de múltiplas hierarquias de honra e consideração, de múltiplas categorias de trabalho, de complexa divisão de cor e de formas variadas de mobilidade e mudança. Porém, no limite, preponderava a tendência a reduzir as complexidades a dualismos de contrastes (senhor/escravo, nobre/plebeu, católico/gentio).[10]

---

10 Stuart Schwartz. *Op. cit.*, p. 209.

Embora a legislação portuguesa tivesse caráter imobilista e excludente no tocante à organização social, sua aplicação no Brasil implicou em arranjos, pois o povoamento foi feito, em sua maior parte, justamente por meio dos segmentos sociais por ela excluídos das posições de mando e de estima social.[11] Além disso, componentes diversos, como a questão das diferenças fundamentais, entre senhor e escravo, estiveram inseridos em relação mercantil de produção. Nela, os atributos de raça/cor estabeleciam gradações e diversificações sociais dentro dos estamentos, e a miscigenação e a manumissão dos escravos criaram novas categorias sociais.[12]

A análise de uma sociedade senhorial e escravista esbarra, pois, em dificuldades conceituais. A proscrição, a priori, dos conceitos de casta e estamento, essenciais para a explicação de sociedades com formas históricas específicas e complexas de estratificação, nas quais o desenvolvimento econômico e social ainda não se vincula ao capitalismo propriamente dito, pode impedir a apreensão mais específica da dinâmica social da América Portuguesa.

Já se ressaltou a ação de preservação e adaptação da organização social da Colônia ao corpo de padrões sócio-políticos

---

11 Cf. Laima Mesgravis. "Os aspectos estamentais da estrutura social do Brasil Colônia". *Estudos Econômicos*. São Paulo: 13 (especial), 1983, p. 802.

12 Evaldo Cabral de Mello observa: "Numa sociedade como a do Brasil Colonial, onde como se não bastasse o pecado original da escravidão, se haviam transplantado os valores comuns às sociedades europeias do Antigo Regime, com o agravante de sua versão peninsular...". *O nome e o sangue*. São Paulo: Companhia das Letras, 1989, p. 11.

portugueses para a dominação imperial. Contudo, deve-se levar em conta as condições específicas de abundância de terras, a determinação mercantil da produção, a necessidade de larga base de mão-de-obra alienada, historicamente inexistente como proletariado, introduzindo interferências importantes. Para Florestan Fernandes, a ordem estamental tinha validade para os brancos. Os outros – no início, a população indígena e depois os africanos – estratificaram-se fundamentalmente em função de critérios raciais. Tomando-se a diferença fundamental senhores/escravos, entre esses dois extremos situava-se uma população livre, predominantemente mestiça de brancos e índios, a se identificar com o estamento dominante em termos de solidariedade e lealdade, mas dificilmente incluída na ordem estamental. Esses setores oscilantes constituíam, em geral, uma espécie de subordem de castas, dentro dos vários segmentos estamentais; é como o caso dos libertos, que, mesmo adquirindo o status legal de livres e juridicamente pertencendo à ordem estamental, eram tratados diferenciadamente.[13]

De certo modo, porém, na Colônia persistiu a sociedade de ordens, adaptada a novas categorias e a novas situações. A plantação escravista transformou e ampliou as tradicionais categorias, transformando em pessoas de mor-qualidade muitos que não poderiam assim ser chamados em Portugal;[14] desenvolveram-se,

---

13 Ver as considerações de Stuart Schwartz. "Colonial Identities and the Sociedade de Castas". *Colonial Latin American Review.* 4(1):185-201, 1995.
14 Sobre os critérios da nobreza em Portugal, veja-se José Mattoso. *Identificação de um País. Op. cit.* Sobre a configuracão da elite colonial, veja-se A. J. R. Russel Wood. *Fidalgos e filantropos.* Brasília: UnB, 1981; J. Nor-

ao mesmo tempo, novos princípios de diferença que separavam as camadas dominantes das subordinadas, mesclando critérios de hierarquização. Não bastava ser livre e possuir escravos, pois o princípio estamental dessa sociedade exigia os signos formais e as manifestações externas que comprovassem ser "homem bom", "um dos principais da terra", "limpo de sangue", viver "à lei da nobreza" e "não padecer de acidentes de mecanismos".[15]

A sociedade escravista brasileira não foi apenas criação da escravidão, mas o resultado da integração da plantação escravista mercantil com os princípios europeus preexistentes.[16]

A compreensão dessa diversidade é fundamental para o entendimento dos mecanismos de monopólio de poder por um pequeno grupo de privilegiados. A configuração dominante da sociedade, seus valores estamentais a reger o mundo dos brancos e a relação senhor/escravo determinaram as formas de controle, tanto no tocante à esfera jurídica como no exercício político.[17]

---

man Kennedy. "Bahian Elites (1750-1822)" *Hispanic American Historical Review*. Duke University Press, 53(3):413-39, nov. 1973. Uma síntese dessas posições encontra-se em Maria José Rapassi. *Fortunas coloniais* (elite e riqueza em Salvador – 1760-1808). São Paulo: FFLCH/USP, Tese de doutorado, 1998.

15 Cf. Laima Mesgravis. *Op. cit.*, p. 799.

16 Cf. Stuart Schwartz. *Segredos internos. Op. cit.*, p. 212.

17 Do ponto de vista da legislação, o Código Philipino estabelecia diferenças nítidas nas penas de crime com relação aos nobres e aos peões. Apenas em alguns crimes, como os de feitiçaria, lesa-majestade, sodomia e moeda falsa, as penas eram teoricamente iguais para nobres e plebeus. No geral, porém, a legislação era mais branda e protetora com relação à nobreza e ao clero, que poderiam usufruir de prisão especial, apelação e tribunais

Do ponto de vista político, nas Câmaras Municipais havia a supremacia dos homens-bons, os mais ricos, os honrados e respeitados chefes de família.[18] Eleitores e passíveis de serem eleitos, a eles cabia fazer o rol da nobreza (os que doravante fariam parte da nobreza da terra e os que deveriam ser excluídos) e exercer, de fato, a governança da terra. Os conselhos municipais constituíam a estrutura jurídico-política básica e se correspondiam diretamente com o governador-geral e com a Coroa toda

superiores, isenção de penas vis, gozando ainda do direito de portar armas. O restante da população, inclusive indivíduos ricos, recebia tratamento de peões, sofrendo as consequências de uma legislação severa, sujeitos à tortura e justiça sumária, podendo apelar a segunda instância. Cf. Laima Mesgravis. *Op. cit.*, p. 800.

18 A representação nos senados das Câmaras era composta de nobreza, clero e povo, e a presença dessas ordens estamentais tornava-se inquestionável em momentos de crise política. Em 1666, Jerônimo de Mendonça Furtado indispôs-se com a nobreza de Pernambuco e foi destituído; Sebastião da Rocha Pita, relatando o evento, chamava a atenção para o fato de que o governador não ouvia os clamores do povo, desprezando as pessoas principais, que por nascimento e fidelidade lhe mereciam diferente tratamento. Em função disso, cresciam as queixas da nobreza e a ira do povo, o que levou pessoas principais a requererem o seu afastamento. Atitudes como fidelidade, merecedoras de tratamento diferente, vassalagem, obediência, três estados e a metáfora do corpo, revelam estar presentes na estrutura mental colonial, a representação estamental dos grupos e das pessoas. O elemento fundamental foi a posição social diferencial que reafirma a desigualdade tanto em termos legais, sócio-culturais, econômico-políticos quanto em termos de estrutura mental: formas de pensar e representar a sociedade. Cf. Sedi Hirano. *Pré-capitalismo e capitalismo. Op. cit.*, p. 199-200. Cf. Sebastião da Rocha Pita. *História da América Portuguesa* (1730) Belo Horizonte/São Paulo: Itatiaia/Edusp, 1976, p. 172.

vez que isso lhes parecia necessário, interferindo não raro em assuntos políticos e eclesiásticos.[19]

No geral, a grande exploração monocultora e escravista açucareira impediu o desenvolvimento de uma camada de pequenos e médios proprietários; estes, quando existiam, dependiam do grande proprietário para processar o açúcar ou comprar sua produção de subsistência.[20] Não tinham recursos, não podiam arrendar terras e tornavam-se agregados, vivendo na grande propriedade e prestando serviço para os senhores.[21] Eram elementos essenciais para a manutenção do domínio político, social e também militar. A preocupação em constituir formas de controle explícito remonta ao Regimento de Tomé de Souza, que enfatizava a obrigação da defesa por parte dos senhores e o armazenamento de armas que deviam dar para 10 ou 20 indivíduos, o que pressupunha certo número de homens a serviço do senhor.[22] Isto foi reforçado com a criação dos corpos de ordenança (1575), de auxiliares (meados do XVII). Seus comandantes, os capitães-generais, só poderiam ser escolhidos entre os homens-bons e o recrutamento dos corpos miliciais cabia a eles, daí a importância de sua clientela, a consolidar ain-

---

19 Cf. Charles R. Boxer. *Salvador de Sá e a luta pelo Brasil e Angola* (1602-1686), São Paulo.

20 Laima Mesgravis. *Op. cit.*, p. 805.

21 Veja-se Eni de Mesquita Samara. *O papel do agregado na região de Itu de 1780 a 1830.* São Paulo: Museu Paulista, 1977.

22 Cf. Regimento de Tomé de Souza. In: *Documentos para a História do Açúcar* (Legislação). Rio de Janeiro: IAA, 1956.

da mais a dominação dos grandes proprietários.²³ Na prática, estruturavam núcleos fortes de poder local, formado pelos proprietários, mais seus familiares, seus agregados e seus escravos, que resistiram até o século XIX.²⁴

A defesa militar da Colônia foi uma preocupação constante da Metrópole e, embora haja crescido em função dos ataques externos, em função de manifestações de insubordinação mais articuladas com as questões fronteiriças do século XVII, com os problemas da mineração e, claro, por ocasião dos chamados movimentos emancipacionistas, o sistema de milícias e o aparato de controle estavam estruturalmente ligados à manutenção da ordem colonial. E ordem colonial significava tanto a subordinação dos colonos às determinações gerais da Coroa como a manutenção da estrutura de produção — e portanto, controle da mão-de-obra escrava. Nesse sentido, os homens-bons eram agentes da dominação, tanto como membros privilegiados do corpo dominante colonial quanto como senhores responsáveis pela submissão da escravaria. Ao colono/colonizador cabia a reprodução e perpetuação da ordem social e econômica.²⁵

---

23 Nanci Leonzo. *As Companhias de Ordenança na Capitania de São Paulo*. São Paulo: FFLCH/USP, Dissertação de Mestrado, 1975.

24 Minucioso estudo sobre a questão está em Patrícia Ann Aufderheide. *Order and Violence: Social Deviance and Social Control in Brazil*, 1780-1840. Minnesota: University of Minnesota, PhD Thesis, 1976 (mimeo).

25 Já em 1936, Sérgio Buarque de Holanda iniciava Raízes do Brasil afirmando: "A tentativa de implantação da cultura europeia em extenso território, dotado de condições naturais, se não adversas, largamente estranhas à sua tradição milenar, é, nas origens da sociedade brasileira, o fato dominante e mais rico em consequências. Trazendo de países distantes nossas formas de convívio,

É claro que a identificação colono/colonizador não foi linear, direta e contínua. Havia contradições, houve momentos de fluxo e refluxo, e apenas tardiamente o colono colocou-se em oposição à Metrópole, mas mantendo internamente, em relação à sociedade local, atitudes e privilégios de dominação. A representação estamental dessa sociedade colonial e escravista dificultava a consciência de colonizado e o reconhecimento da alteridade da metrópole; por outro lado, retirava do escravismo seu caráter de pura exploração econômica, redefinindo-o em função da fidalguia e da diferença racial e religiosa.

Tomando por base as condições objetivas de dominação e de produção, é preciso analisar aquelas ditas subjetivas, que correspondem a como os homens vivenciaram suas condições materiais de subsistência, buscando entender os nexos entre o ser e o aparecer dessa sociedade. É possível, assim, captar as estruturas, não mais como condições eternas e imutáveis, mas em sua historicidade. Trata-se de aprofundar a análise do processo colonial de acumulação primitiva, entendendo, além da imutável essência de extração do excedente, como colonização e exploração apareciam simbolicamente nas representações dessa sociedade, como o econômico estava solidamente articulado a razões extra-econômicas.[26] Essa visão é importante para aferir

---

nossas instituições, nossas ideias e timbrando em manter tudo isso em ambiente muitas vezes desfavorável e hostil, somos ainda hoje uns desterrados em nossa terra". *Raízes do Brasil* (1936). 4ª ed. Brasília: UnB, 1963, p. 8.

26 Sobre os desafios e possibilidades de abordagens desse tipo, veja-se Stuart Schwartz. "Conceptualizing Pos Dependentista Brazil: Colonial Historiography and the Search of New Paradigms" (mimeo). Em trabalho recente,

a concretude das relações, investigar como os homens viveram, perceberam e descreveram seu mundo e as condições materiais de sua existência, considerando os limites da sua consciência, o universo das representações, a relação ambígua que guardavam com o mundo em que viviam, o ponto a partir da qual observavam a Colônia e a sociedade em que estavam inseridos.

Se o processo de dominação imperial portuguesa exigia uma configuração social cujo padrão era a grande exploração escravista e senhorial, monopolizadora de terras, a sociedade não se reduziu aos pólos extremos da produção, nem estavam já, legal e totalmente excluídos do uso da terra, os segmentos livres da população rural. Pois, no processo de exploração, foi necessário fazer crescer a Colônia, ou seja, organizar o butim, implantar formas de viabilização e controle da produção, gerar aumento e complexidade da população.

No século XIX, o mesmo processo de constituição do Estado Imperial, de questionamento do escravismo, obscureceu impedimento e a exclusão do acesso à terra de largas camadas da população que, desde o período colonial, arranjavam-se, articuladas ou não à grande produção de exportação, em regime de pequena exploração, como posseiros, arrendatários, agregados etc. Tratava-se de uma vasta população sertaneja, de que nos falam, com maior frequência, cronistas e viajantes, a partir do século XVIII. À época da Independência,

---

o autor alertou para a dificuldade e limitação da utilização dos cronistas e letrados para se captar a noção de povo: "Gente da Terra Braziliense da Nação. Pensando o Brasil: a construção de um povo", In: Carlos Guilherme Mota (org.). *Viagem Incompleta*. São Paulo: Senac, 2000, p. 102-25.

essa população, expressiva mas incômoda, constituiu a "massa de manobra" das elites dominantes, nas lutas pela hegemonia política; no entanto, ao mesmo tempo, fundamentou temores de insurreição e pôs em risco o processo desenfreado de apropriação de terras.[27] Enquanto crescia a necessidade de braços para a lavoura de exportação, cerceada pela inexorável desarticulação internacional do tráfico, essas populações, arraigadas no uso tradicional da terra, refratárias e insubmissas à disciplinarização plantacionista, vão sendo desqualificadas econômica, social e politicamente.[28] Ao lado do processo de modernização que encaminha as modificações do Império, vai se construindo o mito da exiguidade e incapacidade de nossa população livre, ao ponto de Couty observar que o Brasil não tinha povo.[29] Mas essa população existia, era expressiva, como mostram hoje os estudos sobre a demografia do período; mais que isso, desde a Colônia ela estava enraizada, integrada ou à margem da grande exploração.[30] Se, no segundo caso, espalhavam-se pelos sertões – nas atividades de extração, nos caminhos, vivendo em nível de subsistência e provendo

---

27 Veja-se Cecília Helena L. de Salles Oliveira. *A astúcia liberal*. São Paulo: Icone/USF, 1999, especialmente o capítulo "Usurpação e violência: a definição do espaço dos cidadãos".

28 Uma interessante abordagem da desqualificação desses homens e suas roças está em Dora Shellard Correia. *Paisagens sobrepostas*. São Paulo: FFLCH/USP, Tese de doutorado, 1997.

29 Louis Couty. *L'Esclavage au Brésil*. Paris: Librairie de Guilaumin, 1881.

30 Os dados levantados por Tarcísio Botelho apontam significativa população livre no século XIX. *População e Nação no Brasil do século XIX*. São Paulo: FFLCH/USP, Tese de doutorado, 1998.

parcamente o abastecimento –, na produção açucareira conviviam, pode-se dizer, organicamente com a grande exploração e, desde o final do século XVI, pode-se ali constatar categorias que nuançam as simplificações.

A polarização da sociedade colonial em duas categorias fundamentais – senhores e escravos –, mascarada por valores estamentais, escondia extensa gama de grupos intermediários que compunham o universo social do Nordeste açucareiro: mercadores, roceiros, artesãos, oficiais de açúcar, lavradores de roça e mesmo desocupados. No cume da pirâmide social, estavam os senhores de engenho. De diversos níveis de posse, sem dúvida constituíam a elite colonial, como ressalta Antonil. Os lavradores de cana, também diferenciados pela propriedade ou não de terras, pela extensão de suas lavouras e de sua escravaria, vinham a seguir. Constituíam segmento da açucarocracia, mas eram, de certa maneira, a elite dos agricultores, dos lavradores, em que se incluíam os lavradores de roças de subsistência. Esses mais difíceis de identificar, embora deles apareçam frequentes menções, podiam ser também lavradores de cana. Ligados aos engenhos, havia ainda os trabalhadores especializados livres, nos primeiros séculos, brancos de origem portuguesa, mais tarde, mulatos e negros forros, como atestam os censos e a crônica colonial. Eram mestres-de-açúcar, banqueiros, ajuda-banqueiros, purgadores, caixeiros, calafates, caldeireiros, tacheiros, carpinteiros, pedreiros, barqueiros. Muitos deles aparecem, na documentação do Engenho Sergipe do Conde, tanto como lavradores como exercendo outras atividades.[31]

---

31 Vera Lucia Amaral Ferlini. *O Engenho Sergipe do Conde* (1622-1653): Contar, constatar e questionar. São Paulo: FFLCH/USP, Dissertação de Mestrado, 1980.

Por três séculos, a grande lavoura escravista, enquanto fator estável e orgânico do sistema colonial, concentrou a renda nas mãos de poucos. Quando expulsos das áreas de grande lavoura, agregados e pequenos rendeiros vegetaram em áreas mais pobres, cultivando para seu consumo – ou, gradativamente, migrando para os centros urbanos. Produziam para seu consumo, vendiam pequenos excedentes, sem gerar uma organização econômica significativa.[32]

Essa vasta gama de indivíduos, situados socialmente entre os senhores e escravos – livres pequenos proprietários, artesãos, livres não proprietários –, tem sido tradicionalmente relegada a segundo plano, tidos como pobres, marginais etc.[33] Tais conceitos devem ser cuidadosamente utilizados, pois, embora pobres, nem sempre estavam à margem do mundo do açúcar, por exemplo, nem à margem da norma jurídica, embora estivessem fora do estamento dominante. Além disso, a utilização do termo "marginal", referindo-se aos grupos não inseridos na polaridade grande proprietário-escravo, impede o estudo mais aprofundado do papel desses segmentos, do papel desses fácies de economia autárquica ou de subsistência como elemento de resistência às oscilações da economia escravista agroexportadora.[34]

---

32 Cf. Douglas Libby. *Transformação e trabalho em uma economia escravista*. São Paulo: Brasiliense, 1988, p. 361.

33 Francisco Carlos Teixeira da Silva et al. "Pobres, marginais e desviantes", In: *Estudos sobre a Marginalidade*. Niterói: Cadernos do ICFH/UFF, 1990.

34 Veja-se Vera Lucia Amaral Ferlini. *Terra, trabalho e poder. Op. cit.*, p. 47 e 213; Francisco Carlos Teixeira da Silva, *A morfologia da escassez: crises de subsis-*

Deve-se considerar que, embora livres, não pertenciam aos homens-bons, de mor-qualidade da colônia; ou seja, não alçavam à "fidalguia da terra", no mundo açucareiro definido pelo senhor de engenho, padrão dominante das aspirações sociais, a fidalguia; além disso, uma posição semelhante à dos fidalgos seria possível, na colônia, pela aquisição de terras e escravos, elementos de poder e, portanto, de qualificação máxima.[35] Essa ambiguidade da transposição estamental para a colônia escravista e mercantil já fora constatada por Brandônio, ao defender a ascensão dos degredados e seus descendentes. Embora desqualificados na Metrópole, aqui haviam dado "de ser ricos" e agora viviam com muita honra.[36]

Percebidos como desclassificados nessa sociedade em que ter classe significava ter prestígio, posses e poder, impedidos do acesso à grande propriedade, ou mesmo, sem propriedade de terras e escravos, constituíram, ao longo dos séculos, elementos importantes na sustentação do funcionamento da exploração escravista.[37]

Caio Prado constatou sua presença, denominando-os "população vegetativa": de um lado, os que "vegetam miseravelmente nalgum canto mais ou menos remoto e apartado da civilização, mantendo-se ao deus-dará, embrutecidos e moralmente degradados"; de outro, aqueles que, sobretudo "nos campos, se encostam

---

tência e política econômica no Brasil Colônia. Niterói: UFF, Tese de doutorado, 1990, p. 367.

35 Vera Lucia Amaral Ferlini. *Terra, trabalho e poder. Op. cit,* p. 211-5.

36 *Diálogos das Grandezas do Brasil* (1618). 2ª ed. integral, segundo o apógrafo de Leiden. Recife: Imprensa Universitária, 1966, p. 92.

37 Francisco Carlos Teixeira da Silva. "Pobres, marginais e desviantes". *Op. cit.*

a algum senhor poderoso, e em troca de pequenos serviços, às vezes até unicamente de sua simples presença, própria a aumentar a clientela do chefe e insuflar-lhe a vaidade, adquirem o direito de viver à sua sombra e receber dele proteção e auxílio[...] os agregados, os moradores de engenho...".[38] Seu diagnóstico, tendo por base que o fundamento organizador dessa sociedade é a escravidão, por constituir o nexo econômico básico, sobrelevou a dependência e a aparente inutilidade dessa massa. Trabalhando com a polaridade de dirigentes da colonização e escravos – os "bem classificados da hierarquia e na estrutura social da colônia" –, Caio Prado divide a sociedade entre o setor orgânico (composto por senhores e escravos) e inorgânico, a massa de livres pobres, "dos desclassificados, dos inúteis e inadaptados; indivíduos de ocupações mais ou menos incertas e aleatórias e sem ocupação alguma".[39] Se para muitos essa análise de Caio Prado Jr. revelaria postura preconceituosa[40] com relação a esses grupos, é preciso salientar que o autor utilizava categorias polares, dentro de uma posição política que via a possibilidade de conscientização e de ação organizada apenas a partir dos trabalhadores formais (incluídos no setor orgânico). Por outro lado, embora operasse com critérios como indolência, inutilidade e vadiagem, mostrou-os

---

38 Caio Prado Jr. *Formação do Brasil Contemporâneo* (1942). 13ª ed. São Paulo: Brasiliense, 1973, p. 283.

39 *Idem*, p. 281.

40 Veja-se José Carlos Barreiro. *O cotidiano e o discurso dos viajantes: criminalidade, ideologia e luta social no Brasil do século XIX*. São Paulo: FFLCH/USP, Tese de doutorado, e Claudinei Magno M. Mendes. *Construindo um Mundo Novo*. São Paulo: FFLCH/USP, Tese de doutorado, 1996.

dentro da hegemonia da grande propriedade exportadora, chamando a atenção para o quadro asfixiante:"o que não é produção em larga escala de alguns gêneros de grande expressão comercial e destinados à exportação é fatalmente relegado a um segundo plano mesquinho e miserável".[41]

Estudando o caso de Minas Gerais, Laura de Mello e Souza já nos tinha mostrado o papel dos vadios, desclassificados, a partir da mineração, mostrando sua abundância e sua utilização nos interstícios da sociedade escravista.[42] Porém, a análise dos pobres livres, em outras esferas da produção, ainda é incipiente, pela resistência em se aceitar formas camponesas ou protocamponesas na sociedade escravista.[43] Mais recentemente, a questão tem sido abordada, com ênfase na produção para o mercado interno, muitas vezes em oposição ao setor escravista de exportação.[44] Como observa Schwartz, tal "desejo

---

41 Caio Prado Jr. *Op. cit.*, p. 285.

42 Laura de Mello e Souza. *Desclassificados do ouro*. Rio de Janeiro: Graal, 1983.

43 Veja-se Ciro Flamarion Cardoso. *Escravo ou camponês*. São Paulo, Brasiliense, 1987, e as posições de Jacob Gorender. *O escravismo colonial*. São Paulo, Ática, 1978; *A escravidão reabilitada*. São Paulo: Ática, 1991.

44 É o caso dos trabalhos de Hebe de Castro. *Ao Sul da História (Lavradores pobres na crise do escravismo)*. São Paulo: Brasiliense, 1987; Marcia Naxara. *Estrangeiro em sua própria terra*. São Paulo: Anablume/Fapesp, 1998; Iraci del Nero da Costa. *Arraia miúda*. São Paulo: MGSP, 1992; Guillermo Palácios. *Cultivadores Libres, Estado y Crisis de la esclavitud en Brasil en la epoca de Revolución Industrial*. Mexico: Fondo de Cultura Económica, 1998; Francisco Carlos Teixeira da Silva. *Morfologia da escassez*. *Op. cit.* Veja-se ainda Peter Eisenberg. *Homens esquecidos*. Campinas: Editora da Unicamp, 1989.

de deslocar o foco da economia de exportação cria uma falsa dicotomia, perdendo a oportunidade de estabelecer as relações entre esse setor e um campesinato".[45]

O que podemos apreender, do estudo mais detalhado da sociedade açucareira do Período Colonial, é uma organização mais complexa e mutável, enquadrada, sem dúvida, nos padrões estamentais portugueses e tendo por referência os pólos básicos de senhores e escravos, sem, no entanto, a eles se reduzir.

A identidade linear dos oficiais mecânicos, dos despossuídos e dos pequenos lavradores, com ou sem escravos, como marginais, desclassificados, pobres etc. remonta, ao processo de luta e de resistência desses segmentos, desde o Período Colonial, aos níveis de tensão entre os proprietários terras e escravos e essas populações, às formas de acomodação entre eles.

Este trabalho tem por fio condutor a relação profunda entre a configuração social necessária à preservação da dominação portuguesa e as formas de acesso à terra. Reflete sobre os limites da identidade colonial e sintetiza diversos estudos, produzidos nos últimos quatorze anos, em que se trata, em óticas diversas e com diferentes fontes, das expressões e representações da vida e do espaço da Colônia e seu papel na preservação das bases de dominação, com a Independência. Para isso, o livro a articula em três partes e oito capítulos.

Esta introdução reformula um texto inédito – "Poder político e conflito social", preparado para aulas, que discute a

---

[45] Stuart Schwartz. "Somebodies and Nobodies in the Body Politic. Mentalities and Social Structures in Colonial". *Latin American Research Review*, 31(1):113-34, 1996.

complexidade do arranjo social e os diferentes critérios de hierarquização – e o texto "Pobres do açúcar", publicado em 1993, na coletânea *História Econômica do Período Colonial*.[46] A primeira parte – Colonos e colonizadores – é formada por dois estudos e discute as expressões da identidade colonial, na figura de Gabriel Soares de Sousa e nas atitudes da elite pernambucana no período de resistência aos holandeses (1630-1636). O primeiro, inédito, foi preparado, em versão mais sintética, para um seminário promovido pela Academia de Letras da Bahia, em 1991, no quarto centenário da morte do cronista. O segundo, escrito para o Seminário Internacional La Paix Troublée, integra os anais do encontro, publicado em 1992.[47]

A segunda parte – Vivências coloniais – enfoca aspectos da ação e da representação dos colonos na vida urbana, na relação com a natureza, nas festas e no trato dos negócios. O capítulo sobre Salvador, inédito até então, tem por base uma conferência apresentada na Academia de Letras da Bahia, por ocasião dos 450 anos da cidade. Discutindo a atitude dos colonos frente à natureza, no contexto da produção açucareira, "Do verde das matas, ao verde dos canaviais" foi apresentado em 1999, no Seminário Internacional História e Meio Ambiente,

---

46 Vera Lucia Amaral Ferlini. "Pobres do Açúcar", In: Tamás Smereczanyi (org.). *História Econômica do Brasil Colonial*. São Paulo: Hucitec, 1996.

47 *Idem*. "Resistência e acomodação: os holandeses em Pernambuco (1630-1640)" In: Werner Thomas; Bart de Groof (org.). *Rebelion y resistencia en el mundo hispânico del siglo* XVI. Leuven: Leuven University Press, 1992..

em Funchal, e publicado em suas atas.[48] "Festas, folguedos e feriado" constitui nova versão de comunicação apresentada no Seminário Festa (Cultura e Sociabilidade Festiva na América Portuguesa), em 1999, já publicado.[49] Por fim, a discussão sobre critérios empresariais, apresentada em palestras, teve uma versão publicada em 1991 na *Revista Brasileira de História*.[50]

Na terceira parte, Mudanças da terra, dois capítulos refletem sobre a diversidade da configuração social e fundiária. No primeiro, enfocam-se as especificidades da produção açucareira nas Capitanias do Sul, em texto preparado para o Seminário Internacional Escravos Com ou Sem Açúcar, em 1996, publicado em português e em inglês.[51] A cristalização do latifúndio,

---

48 Idem. "Do verde das matas ao verde das canas: descobrimentos e destruição da natureza no Brasil", In: *História e meio ambiente: o impacto da expansão européia* (Actas do Seminário Internacional) Funchal: CEH, 1999, p. 403-11.

49 Idem. "Folguedos, feiras e feriados: aspectos socioeconomicos das festas no mundo dos engenhos". In: István Jancsó e Iris Kantor. *Festa: cultura & sociabilidade na América portuguesa*. São Paulo: Edusp/Hucitec/Imprensa Oficial/Fapesp, 2001, p. 449-63.

50 Vera Lucia Amaral Ferlini. "Estruturas agrárias e relações de poder em sociedades escravistas: perspectivas de pesquisas de critérios de organização empresarial no Período Colonial". *Revista Brasileira de História*, São Paulo: (22): 35-7, 1991.

51 Idem. "Açúcar e escravos no Brasil Colonial: as Capitanias do Sul (Notas para uma discussão)" In: Alberto Vieira (Coord.). *Escravos com e sem açúcar*. Funchal: Centro de Estudos de História do Atlântico - Secretaria Regional do Turismo e Cultura, 1996, p. 281-301. "Sugar and Slaves in Colonial Brazil: Southern Captaincies (Notes for a Discussion)", In: *Slaves with or without sugar* (Registers of the International Seminar) Funchal: CEHA, 1996, p. 277-96.

nas áreas açucareiras, sob o impacto do renascimento agrícola, aspectos das modificações sociais resultantes e o questionamento sobre o conceito de latifúndio, constituem o assunto de "O mito do latifúndio" discutido, em diferentes versões, em reuniões científicas, mas não publicado.

Sem a pretensão de esgotar os temas tratados, buscou-se apresentar aspectos das representações e práticas dos que fizeram a colonização, especialmente no âmbito do mundo do açúcar e dentro do processo que, gradativamente, transformou a América Portuguesa em Brasil.

PARTE I

Colonos e colonizadores

A SAGA DA COLONIZAÇÃO: GABRIEL SOARES DE SOUSA E O TRATADO DESCRITIVO DO BRASIL

O relevo dado ao caráter comercial da colonização do Brasil, embora correto, deixa em segundo plano outras motivações presentes na empreitada portuguesa da América.[1] Se é certo dizer que a exploração econômica definiu, depois, os rumos da colonização, já no tempo de D. João III sobrelevavam a necessidade da efetiva ocupação e defesa do território e de atrair povoadores, como substrato humano que se responsabilizasse pelas atividades administrativas, militares e religiosas, organizasse a estrutura produtiva capaz de sustentar os domínios lusitanos. Havia ainda o ouro, a prata, as pedras preciosas, que há séculos frequentavam o imaginário dos europeus, estimulando-os à aventura marítima. Na ótica dos europeus, nas novas terras tão duramente por eles conquistadas, habitavam os gentios, desafiando suas investidas, resistindo ao trabalho compulsório, aos

---

1 Antônio Borges Coelho. "Os argonautas portugueses e seus velos de ouro" In: José Tengarrinha (org.). *História de Portugal*. Bauru/São Paulo: Edusc/Unesp, 2000.

seus padrões religiosos e culturais. Essa complexidade da colonização foi captada por Gabriel Soares de Sousa. Das páginas do *Tratado Descritivo*[2] e dos *Capítulos*[3] emergem, com todas as nuanças, os problemas centrais da saga da colonização portuguesa no Brasil, em seus primórdios.[4] Quando os portugueses deixaram seu continente, trouxeram, além das motivações econômicas, temores e sonhos, com os quais moldaram e explicaram a realidade do desconhecido, do outro que, mesmo diferente, tornava-se igual. Nesse processo de reconhecimento, forjaram-se as bases de sua nova identidade.[5]

---

2 "Seu principal livro, *o Tratado Descritivo do Brasil,* de 1587, é o resultado de suas observações durante sua primeira permanência de dezessete anos no Brasil. Coube a Varnhagem não só restaurar o texto e o título, como restituir a Gabriel Soares de Sousa a autoria do Tratado, que durante muitos anos foi erroneamente atribuído por muitos autores, inclusive Ayres de Casal, Martius e Ferdinand Denis, a Francisco da Cunha." José Honório Rodrigues. *História da História do Brasil.* São Paulo/Brasília: Nacional/INL, 1979, p. 435.

3 "Gabriel Soares de Sousa é também autor de outro escrito que muito recentemente foi dado a lume pelo Padre Serafim Leite, que o encontrou no Arquivo Geral da Cia. de Jesus, sob o título de 'Capítulos que Gabriel Soares de Sousa deu em Madri ao sr. D. Christovam de Moura contra os padres da Companhia de Jesus que residem no Brasil'[...] que constituem, na opinião do Pe. Serafim Leite, o documento mais antijesuítico do Brasil do século XVI." *Idem,* p. 437.

4 Gabriel Soares de Sousa. *Tratado Descritivo do Brasil* (1587) 4ª ed. São Paulo: Nacional/Edusp, 1971, p. 39..

5 Cf. Walkiria Chassot. *Morrer na colônia.* Aspectos do imaginário nos testamentos paulistas do século XVII. Exemplar mimeo..

Fazer-se ao mar, partir em busca de terras desconhecidas, enfrentar novos mundos, conhecer novas gentes. Desde o início do século XV, os portugueses moveram-se pelo Atlântico à procura de ouro, marfim, escravos, a caminho do reino do Prestes João. Se lhes faltou a fantasia – se, como relata Camões, exorcizaram os fantasmas, monstros e demônios que povoavam o Mar Oceano – não lhes faltou o sonho, o gosto pela aventura.[6] Não se trata de negar o impulso mercantil da empreitada ultramarina, nem de louvar, como heroicas, as guerras de conquista e a submissão de povos e continentes. Sem dúvida, o cunho comercial deu o tom aos séculos de colonização. Mas é preciso ir além: indagar como esses homens vivenciaram a conquista, o povoamento, a exploração de novas terras, o contato com os nativos. Aproximar-se de sua visão de mundo, da ideia que tinham dos limites geográficos das novas possessões; entender os limites de apreensão do todo político a unir Colônia e Reino. Há mesmo que se resgatar, na complexa mentalidade do

---

6 "O gosto da maravilha e do mistério, quase inseparável da literatura de viagens na era dos descobrimentos marítimos, ocupa espaço singularmente reduzido nos escritos quinhentistas dos portugueses sobre o novo mundo. Ou porque a longa prática das navegações do Mar Oceano e o assíduo trato das terras e gentes estranhas já tivessem amortecido neles a sensibilidade para o exótico, ou porque o fascínio do Oriente ainda absorvesse em demasia seus cuidados, sem deixar margem a maiores surpresas, a verdade é que não os inquietam, aqui, os extraordinários portentos, nem a esperança deles. E o próprio sonho de riquezas fabulosas, que no resto do hemisfério há de guiar tantas vezes o passo do conquistador europeu, em seu caso constantemente cerceado por uma noção mais nítida, porventura, das limitações humanas e terrenas." Sérgio Buarque de Holanda. *Visão do paraíso*. 2ª ed. São Paulo: Nacional, 1969, p. 1.

homem do século XVI, a maneira de encarar o empreendimento mercantil e a obra da colonização. Fé, lucro, razões de Estado, aspiração ao enobrecimento e o ideal de construir na nova terra um novo Portugal aparecem tão entranhadamente ligados, que se empobrece nossa história quando rotulamos de mercantis ou capitalistas, sem tais mediações, os confrontos e conflitos entre europeus e nativos na luta pelas terras do Brasil: o embate pela dominação cultural e as leituras da realidade americana pelos códigos culturais ibéricos.

Feito com base na compilação de tradições esparsas, eivado de imprecisões em alguns trechos, como foi minuciosamente anotado por Varnhagen,[7] o *Tratado* nos expõe a lúcida percepção de Gabriel Soares de Sousa da complexidade colonial, sua visão de conjunto não apenas da sociedade, das condições políticas, de povoamento e de contato com os nativos, mas principalmente sua admirável preocupação em situar-se geograficamente na terra, além de seu minucioso trabalho de observação e classificação da flora e da fauna. Varnhagen já havia assinalado que a obra de Gabriel Soares de Sousa era o produto mais enciclopédico da literatura portuguesa desse período.[8] Para Capistrano, foi a obra de um historiador, geógrafo e etnólogo do século XVI.[9] Não pretendeu, porém, como atestam suas próprias palavras, escrever história que deleitasse com estilo e boa linguagem;

---

7 F. A. Varnhagen. "Breves comentários à precedente obra de Gabriel Soares", In: *Tratado Descritivo do Brasil. Op. cit.*, p. 353-89.
8 *Idem.* "Apresentação", In: *Tratado Descritivo do Brasil. Op. cit.*, p. 23.
9 Cf. José Honório Rodrigues. *História da História do Brasil* (Parte I. Historiografia Colonial). São Paulo: Nacional, 1979, p. 435.

antes quis registrar tudo o que pôde observar da cosmografia e descrever o estado destas paragens, ao final do século XVI. Como todo cronista, buscou escrever atualidade. Acentuou a grandeza e a fertilidade da terra, tentando descrever em conjunto as possessões portuguesas da América, então incorporadas aos domínios filipinos. Pôde ser muito mais fiel com relação à Bahia, onde vivia há muitos anos, que às demais capitanias, sobre as quais escreveu com base em documentos e testemunhos. Para Varnhagen e Capistrano, o livro era vasto como uma enciclopédia, interessante como um romance, fértil como um punhado de roteiros de corografia e de história natural. A obra, o mais importante trabalho sobre o Brasil do século XVI, como observou José Honório Rodrigues,[10] está articulada em duas partes: a primeira, o roteiro geral da costa do Brasil; a segunda, o memorial e a declaração das grandezas do Brasil.

Nascido em Lisboa (ou no Ribatejo), chegara à Bahia em 1569, quando se dirigia à África em busca de metais. Ficou na capitania, tornando-se senhor de engenho; enriqueceu no trato do açúcar e, segundo os jesuítas, no comércio de escravos indígenas. A busca das minas o levaria à morte no sertão, em 1591.

Já com seu engenho firmado, em Jequiriçá, e prosperamente estabelecido, em 1584 partiu para Madri, em busca de apoio régio para uma entrada rumo ao sertão de São Francisco, em busca de minas de prata. Permanecendo na Espanha seis anos, redigiu o *Tratado Descritivo* como justificativa para a concessão de benesses, tendo em vista a necessidade de atenção que o Brasil merecia da Coroa espanhola. Por isso, para alguns, a obra

---
10 José Honório Rodrigues. *História da História do Brasil. Op. cit.*, p. 433.

perde importância, por ter sido escrita com o fito de o autor obter privilégios para a organização de sua expedição: daí sua preocupação em exaltar as potencialidades da terra, mostrando as dificuldades e a fragilidade do sistema de povoamento e defesa. Contudo, devemos levar em conta a prática anterior de haver observado, pesquisado e anotado tudo o que podia sobre o Brasil,[11] o que revela, mesmo dentro do "oportunismo", o envolvimento do colono com a empreitada colonizadora, um certo grau de consciência da colonização. Exemplifica a mentalidade de homens que, no século XVI, como ele, compunham a elite de plantadores da Bahia, mas buscavam convencer a Coroa a providenciar recursos para o adensamento populacional, para o provimento da defesa e a investida mais sistemática em busca das riquezas naturais.

Escolher Gabriel Soares de Sousa como exemplo e testemunho de sua época não significa aceitar seu escrito com um retrato fiel da colônia, mas apreender o que era visto por um homem do final do século XVI, na transição da conquista heroica para a colonização sistemática, como nos ensinou França.[12] Trata-se de ler o *Tratado Descritivo do Brasil*, como expressão do colono/colonizador, desse duplo que, ao mesmo

---

11 Em Madri, enquanto esperava o despacho de seus requerimentos, Gabriel Soares de Sousa tirou a limpo, conforme diz, muitas das notas registradas no Brasil e ofereceu seu livro a D. Cristóvão Moura, em 1 de março de 1587. Cf. José Honório Rodrigues. *Op. cit.*, p. 435.

12 Eduardo D'Oliveira França. *Portugal na época da Restauração*. São Paulo: Hucitec, 1997, p. 162.

tempo, vivia na colônia o processo de dominação e era a face visível da metrópole, seu agente.

Se a obra de Gabriel Soares de Sousa não pode ser considerada produção histórica *stricto sensu*, constitui verdadeiro monumento histórico, e como tal deve ser lido: como testemunho da mentalidade da época.

O *Tratado* é tomado então como monumento, como obra idealizadora da visão de mundo do homem do XVI, para ser questionado, elaborado e deixado falar do século, das angústias e aspirações daquele que vivia em colônias, no momento da grande desilusão de Portugal e da busca de uma realização junto à Coroa da Espanha, e que via definhar o interesse por essa América Portuguesa, mais e mais ameaçada.

Da mesma forma que, anos mais tarde, Brandônio, Gabriel procurava disputar espaço junto à Coroa Espanhola, tentando provar que as verdadeiras riquezas no Brasil mereciam a atenção de Filipe tanto quanto as colônias da Espanha. É o que se depreende do proêmio:[13]

> É esta província mui abastada de mantimentos de muita substância e menos trabalhosos que os da Espanha[...] Em algumas partes dela se dá trigo e cevada e vinho muito bom e em todas todos os frutos e sementes de Espanha, do que haverá muita qualidade se Sua Majestade mandar prover nisso com muita instância e no descobrimento dos metais que nesta terra há.[14]

---

13 Nos *Diálogos das Grandezas do Brasil*. *Op. cit.*, p. 73, encontramos: "São tão grandes as riquezas deste novo mundo e da mesma maneira sua fertilidade e abundância, que não sei por qual das cousas comece primeiramente...".

14 Gabriel Soares de Sousa. *Op. cit.*, p. 40.

Mais importante que buscar o conteúdo do relato de Gabriel Soares de Sousa em seu *Tratado* é desvendar, por meio dele, o homem da colonização, seu olhar, seus valores.

O que esses homens vinham buscar, como assinalou Sérgio Buarque de Holanda, era, o mais das vezes, uma espécie de cenário ideal, feito de experiências, mitologias ou nostalgias ancestrais que, mais atenuadas nos portugueses, não lhes foram, porém, absolutamente estranhas.[15]

Colonizar era, no dizer dos homens da época, aqui criar um Novo Portugal,[16] não apenas na transplantação das estruturas administrativas e das hierarquias sociais que deveriam se acomodar às condições locais, mas também na própria apreensão da natureza, de suas possibilidades e potencialidades, o referencial de aproximação e distanciamento da Península Ibérica. Já em Caminha encontramos: "Porém a terra em si, de muitos bons ares, assim frios e temperados, como os de Entre Doiro e Minho, porque neste tempo agora os achávamos como os de lá".[17]

E Gabriel Soares de Sousa anotava:

> [...] pretendo manifestar a grandeza, fertilidade e outras grandes partes que têm a Bahia de todos os Santos e demais Estados do Brasil [...] cuja terra, quase toda muito fértil, mui sadia, fresca e lavada de bons ares e regada de frescas e frias águas [...]. É esta

---

15 Sérgio Buarque de Holanda. *Visão do paraíso. Op. cit.*, p. 1

16 Fernão Cardim. *Tratado da Terra do Brasil* (1584). São Paulo/Brasília: Nacional/INL, 1978.

17 Carta de Pero Vaz de Caminha. Edição crítica de Jaime Cortesão. *A Carta de Pero Vaz de Caminha*, Lisboa: Portugália, 1967, p. 256.

> Província mui abastada de mantimentos de muita substancia e menos trabalhosos que os de Espanha.[...] pois se tem dado conta tão particular da grandura da Bahia de Todos os Santos e do seu poder, bem que digamos a fertilidade dela um pedaço e como produz em si as criações das aves e alimárias de Espanha e os frutos dela, que nesta terra se plantam [...].
> Parece razão que se ponha em capitulo particular os frutos da Espanha e de outras partes, que se dão na Bahia de Todos os Santos.[18]

Essa identidade cultural não ia além da busca pelo colono, na nova terra, de elementos de sua antiga cultura. Para que o Império se fizesse e se mantivesse, era fundamental que as colônias reproduzissem, o mais fielmente possível, o imaginário social, cultural e de fé da Metrópole. Se colônia e metrópole representavam, quanto à exploração, interesses antagônicos, essa alteridade não era percebida como tal, mas como aberração, como desvio da norma, como desordem:

> Não se crê que Sua Majestade não tenha a isto por falta de providências, pois lhe sobeja para as maiores empresas do mundo, mas de informação do sobredito, que lhe não tem dado quem disso tem obrigação. E como eu também tenho de seu leal vassalo.[19]

Para não se sentir desterrado, transplantava para cá sua cultura, seus valores, sua visão de mundo. Se as condições eram adversas, não lhes faltava inventiva a criar pão da terra na farinha

---

18 Gabriel Soares de Sousa. *Op. cit.*, p. 163-5.

19 *Ibidem*, p. 40.

de mandioca, como notou Gabriel Soares de Sousa.[20] Trazendo de países distantes suas formas de convívio, instituições, ideias, e timbrando em manter tudo isso em ambiente muitas vezes desfavorável e hostil, tal transplantação cultural permitiu a identidade entre a colônia e a metrópole, de modo que não foram os colonos senão portugueses a viver em colônias.[21] Mais que em outras monarquias europeias, pela precocidade de sua centralização, o Estado português forjou-se atado a forças antagônicas: a ambição da monarquia, a nobreza particularista e a burguesia ecumênica. Nas determinações da expansão, as contradições fizeram-se flagrantes: ideal cruzadístico, impulso comercial, interesses fiscais e territoriais da monarquia. A expansão ultramarina revela a íntima associação da monarquia com a nobreza, o clero, os homens de fortuna do país e do exterior, em uma grande empresa militar, econômica, política e religiosa comum.[22]

Nessa empreitada, variados interesses acomodaram-se. Na América Portuguesa, a colonização atendia à necessidade de organizar a defesa, de efetivamente demarcar a posse do território, de satisfazer o anseio de metais e pedras preciosas, de buscar o proveito econômico da terra e de expandir a fé.

Tratava-se de colonização mercantil, sem dúvida, mas com homens que, viajando para o Oriente na esquadra de Cabral, em busca das riquezas comerciais no estabelecimento do entreposto

---

20 *Ibidem*, p. 172.

21 Ainda no final do século XVIII, Vilhena anotava: "Com ingenuidade te confesso que não é das menores desgraças viver em colônias...". *Notícias soteropolitanas. Op. cit.*, p. 289.

22 Vera Lucia Amaral Ferlini. *Terra, trabalho e poder. Op. cit.*, p. 37-9.

pretendido, ao aportarem nas costas do Brasil, procuravam notícias do ouro, como atesta nosso cronista primeiro:

> Viu um deles umas contas de rosário brancas; acenou que lhes dessem, folgou muito com elas e lançou-as ao pescoço. Depois tirou-as e enrolou-as no braço e acenava para a terra, de novo para as contas e para o colar do capitão, como dizendo que dariam ouro por aquilo.[23]

Simples quimera, atrativo falso e fugaz para povoadores desprevenidos? Como entender que um homem de grossos cabedais, como Gabriel Soares de Sousa, deixasse suas fazendas e engenhos e fosse morrer nos sertões, em busca dessas fabulosas riquezas? Como explicar que mesmo esse homem pragmático, raramente afeito a exageros em seu relato, que minuciosamente recolhera e anotara variadas informações da terra, cedesse à febre aventureira? Diz Theodoro Sampaio:

> E seria acaso uma quimera para os contemporâneos de Cortez, de Cabral, de Pizarro e de Alvarado correr aventuras, dar asas à imaginação, criar Potosis em todos os sertões e El Dorados onde quer que o desconhecido lhes podia deparar a eles os mais assinalados prodígios?[24]

Corria pela colônia a lenda de montanhas resplandecentes de prata, outras vezes de esmeraldas. Tal imagem se multiplicava,

---

23 Carta de Pero Vaz de Caminha. *Op. cit.*, p. 259.

24 Theodoro Sampaio. "O sertão antes da conquista", *Revista do Instituto Histórico e Geográfico de São Paulo*, 5:79-94, 1899-1900.

localizava-se em diferentes partes, segundo a imaginação e a cobiça dos colonizadores:[25]

> E não há dúvida senão que entrando bem pelo sertão desta terra há serras de cristais finíssimos [...] que se enxerga o resplendor dela de muito longe e afirmaram alguns portugueses que as viram que parecem de longe as serras de Espanha quando estão encobertas de neve.[26]

Não era o gosto do fantástico apenas, e a realidade provou existirem as minas. Diferentemente do pragmatismo de Brandônio, que afirmava ser o açúcar ocupação de maior rendimento que as lides do ouro e da prata, Gabriel Soares de Sousa atinha-se às informações, mas não desconsiderava a importância dos metais e das pedras preciosas.[27]

---

25 Sérgio Buarque de Holanda observa que "sobre tal opinião, aceita mesmo entre muitos portugueses da época, de que o Peru não podia estar a grande distância da costa do Brasil, iria repousar a fama de certa montanha de prata no íntimo do continente, identificada aos poucos com o Sabaraboçu e distinguida de uma serra de esmeraldas. Assim se vai duplicando ou multiplicando aquela misteriosa serra resplandecente dos primeiros tempos, segundo o parecer que mais atenda à cobiça dos colonizadores.". *Visão do Paraíso. Op. cit.*, p. 39.

26 Gabriel Soares de Sousa. *Tratado Descritivo do Brasil. Op. cit.*, p. 350.

27 "E não era necessário qualquer fantasia aventurosa, senão uma crédula e precavida curiosidade, explicável em terra de recente conquista e onde tudo era surpresa, para se pensar em procurá-la". Sérgio Buarque de Holanda. *Visão do paraíso. Op. cit.*, p. 39.

Na armada que rumava para conquistas minas de Monotapa, partiu Gabriel Soares de Sousa, de Lisboa.[28] Ficando em Salvador e constituindo engenho e fortuna, o sonho das minas não foi abandonado e, como tal, estaria presente nos ideais de outros colonizadores. Foi do roteiro e das notícias trazidas por seu irmão de uma entrada no sertão que se lhe cresceu a ideia de solicitar da Coroa a autorização e os recursos para sua expedição:

> Dos metais de que o mundo faz mais conta, que, o ouro e prata, fazemos aqui tão pouca, que os guardamos para o remate e fim desta história, havendo-se de dizer deles primeiros, pois esta terra da Bahia tem dele tanta parte quanto se pode imaginar: do que podem vir à Espanha cada ano maiores carregações do que nunca vieram das Índias Ocidentais, se Sua Majestade for disto servido, o que se pode fazer sem se meter nesta empresa muito cabedal de sua fazenda, de que não tratamos miudamente por não haver para que, nem fazer ao caso tenhão destas lembranças, cujo fundamento, mostrar as grandes qualidades do Estado do Brasil, para se haver de fazer muita conta dele, fortificando-lhe os portos principais...[29]

Os portugueses buscavam a riqueza, mas riqueza aurida da ousadia, não do trabalho, assinalou Sérgio Buarque de Holanda.[30] Não era difícil, pois, passar dos negócios do açúcar

---

28 Cf. Joel Serrão (org.). *Dicionário da História de Portugal*. Porto: Iniciativas Editoriais, s/d, vol. 7, Verbete Gabriel Soares de Sousa. Veja-se ainda José Honório Rodrigues. *História da História do Brasil. Op. cit.*, p. 433.

29 Gabriel Soares de Sousa. *Tratado Descritivo do Brasil. Op. cit.*, p. 39.

30 Sérgio Buarque de Holanda. *Raízes do Brasil. Op. cit.*, p. 25.

para a ousadia da busca de riquezas minerais, sempre desejadas pelos colonizadores. E mesmo quando, de acordo com Oliveira França, a conquista converteu-se em colonização, a cruzada em guerra econômica e a tarefa colonial não era mais de feitos militares, mas de trabalho diuturno, o gosto pela aventura esteve presente; e se os que partiam para o além-mar, como Gabriel Soares de Sousa, tinham de construir sua fortuna nas lides e nos negócios do açúcar, faziam-no com base no trabalho alheio, de escravos.[31] No limite, permanecia a "ânsia de prosperidade sem custo, de títulos honoríficos, de posições e riquezas fáceis, tão notoriamente característica da gente de nossa terra" – para Sérgio Buarque de Holanda, uma das "manifestações mais cruas do espírito de aventura".[32] Tratavam-se das aventura em bases mais pragmáticas, com roteiro preestabelecido, benesses asseguradas, mas ainda assim aventura.

O ideal aventureiro, de busca de riquezas e do maravilhoso, não era mais obra de homens solitários. Fazia-se dentro do Império, sob a égide da Coroa, para a glória de El-Rei, com seu beneplácito e seu apoio. O papel de relevo da monarquia na condução das empreitadas de conquista, povoamento, ocupação e defesa da colônia é patente no *Tratado*. Já no proêmio, solicitava as providências do soberano em prol do Brasil,

---

31 Eduardo Oliveira França. *Portugal na época da restauração*. São Paulo: Hucitec, 1977.

32 Sérgio Buarque de Holanda. *Op. cit.*, p. 25.

para que lhes ponha os olhos e bafeje com seu poder, o qual se engrandeça e estenda a felicidade, com que se engrandeceram todos os Estados que reinam debaixo de sua proteção.[33]

A implantação da dominação colonial portuguesa no Brasil exigia retaguarda demográfica para sua efetivação: substrato humano europeu que representasse o universo político e cultural de Portugal nestas paragens do Império; mínima estrutura urbana responsável por atividades administrativas, militares e religiosas. Prover tal base populacional era essencial, pois, além do carreamento de cabedais para o erguimento dos engenhos, era mister atrair colonos para o suporte mínimo de ocupação e defesa,[34] frente ao perigo de ataques dos cobiçosos inimigos:

> [...] pois tem tanto cômodo para isso como no que toca à Bahia está declarado: o que se devia por em efeito com muita instancia, pondo os olhos no perigo em que está de chegar à notícia dos luteranos parte do conteúdo deste Tratado, para fazerem suas armadas e se irem povoar esta província, onde com pouca força que levem de gente bem armada se podem senhorear dos portos principais por que não hão de achar nenhuma resistência neles, pois não têm nenhum modo de fortificação de onde os moradores se possam defender nem ofender a quem os quiser entrar. Se Deus o permitir por nossos pecados, que seja isto, acharão todos os

---

33 Gabriel Soares de Sousa. *Op. cit.*, p. 40.
34 Veja-se Florestan Fernandes. *Circuito fechado. Op. cit.*, p. 36; Vera Lucia Amaral Ferlini. *Terra, trabalho e poder. Op. cit.*, p. 15.

> cômodos que temos declarado e muito mais para se fortificarem, porque hão de fazer trabalhar os moradores.³⁵

E não era outra a preocupação de Gabriel Soares de Sousa, ao lembrar que o Brasil estava:

> muito desamparado depois que el rei D. João III passou desta vida para a eterna, o qual principiou com tanto zelo, que para o engrandecer meteu nisso tanto cabedal, como, notório, o qual vivera mais dez anos deixara nele edificadas muitas cidades, vilas e fortalezas muito populosas, o que não se efetuou depois de seu falecimento, antes se arruinaram algumas povoações que a seu tempo fizeram.³⁶

O cronista reclamava a retomada desse empreendimento sistemático iniciado por D. João III, apontando como única saída para a edificação do Império a ação sistemática do Estado:

> Em reparo e acrescentamento estará bem empregado todo o cuidado que sua Majestade mandar ter deste novo reino, pois está capaz para se edificar nele um grande império, o qual se fará com poucas despesas deste reino se fará tão soberano.³⁷

A constatação de que houvera um hiato nesse esforço colonizador foi acompanhada, em seu *Tratado*, pelo bosquejo do

---

35 Gabriel Soares de Sousa. *Op. cit.*, p. 352.
36 *Idem. Op. cit.*, p. 36.
37 *Idem*, p. 39.

perfil do colono ideal, na figura de Duarte Coelho, tanto por ter pessoalmente cuidado de sua capitania e por ter nela investido muitos mil cruzados, como pelos resultados obtidos, pelos lucros auferidos por seu filho e pelo adensamento da população concentrada nos engenhos:

> Nestes trabalhos gastou Duarte, o velho, muitos mil cruzados, que adquiriu na Índia, a qual despesa foi bem empregada, pois dela resultou ter hoje seu filho Jorge de Albuquerque Coelho dez mil cruzados de renda, que tanto lhe importa a sua redízima e dízima do pescado e os foros que lhe pagam os engenhos que estão feitos em Pernambuco, cinquenta que fazem tanto açúcar que estão os dízimos deles arrendados em dezenove mil cruzados cada ano. Esta vila de Olinda ter setecentos vizinhos, pouco mais ou menos, mas tem muito mais em seus termos, porque em cada um destes engenhos vivem vinte e trinta vizinhos, fora os que vivem nas roças afastados deles, que é muita gente, de maneira que, quando for necessário ajuntar-se a esta gente em armas, por-se-ão no campo mais de três mil homens de peleja com os moradores da Vila de Cosmos, entre os quais haveria quatrocentos homens de cavalos. Esta gente pode trazer de suas fazendas quatro ou cinco mil escravos da Guiné e muitos do gentio da terra.[38]

Principais atrativos para a vinda de povoadores, as terras e os escravos garantiam nobilitação no espaço americano. No trato do açúcar, pela posse de engenho ou na lavoura de cana, havia a possibilidade de ascensão. Tal horizonte de qualificação

---

38 *Idem*, p. 58.

social, de inclusão no estamento dominantes, de fidalguia possível, fazia da vida na colônia um desterro suportável. Transferir-se para a colônia apresentava-se como via de qualificação econômica e social. A requalificação, teoricamente, era possível em função da riqueza auferida pela exploração da terra, pelos serviços prestados à Coroa e pela purgação das faltas no desterro.[39]

Aqui vale retomar as observações de Sérgio Buarque de Holanda, ao observar que:

> a ânsia exibicionista dos brasões, a profusão dos nobiliários e livros de linhagem constituem, em verdade, uma das faces da incoercível tendência para o nivelamento. A presunção da fidalguia, requerida por costumes ancestrais que, em substância, já não correspondiam a condições de tempo, embora persistam nas suas exterioridades. A verdadeira, a autêntica nobreza já não precisa transcender ao indivíduo; há que depender de suas forças e capacidades, pois mais vale a eminência própria do que a herdada. A abundância dos bens de fortuna, os altos feitos e as altas virtudes, origem e manancial de todas as grandezas, suprem vantajosamente a própria do sangue.[40]

---

39 Cf.Vera Lucia Amaral Ferlini. *Terra, trabalho e poder. Op. cit.*, p. 211-5. Laura de Mello e Souza considera que os descobrimentos permitiram "uma síntese marcante, o degredo unindo tradições distintas: a das formulações europeias acerca do purgatório, a da função purificadora da travessia marítima, a do exílio ou desterro como elemento purificador", *Inferno atlântico*. São Paulo: Companhia das Letras, 1993, p. 89.

40 Sérgio Buarque de Holanda. *Raízes do Brasil. Op. cit.*, p. 10-1.

Gabriel Soares Souza falava de povoar pelo açúcar, que poderia enriquecer e dar foros de fidalguia a homens que aqui haviam chegado pobres: "e por aqui acima, a terra muito boa para de poder povoar, porque muito bons canaviais de açúcar [...] e desta terra saíram muitos homens ricos para estes reinos que foram a ela muito pobres...".[41]

Embora tenha feito a apologia do enriquecimento pelo açúcar, abandonou a concretude dos negócios açucareiros, por ele apresentados como de grandes lucros e por seis anos esperou, da Corte da Espanha, as concessões que permitiriam organizar uma grande expedição. Tais concessões, obtidas finalmente em dezembro de 1590, eram as seguintes: ser nomeado Capitão-Mor e Governador da Conquista e Descobrimento do Rio São Francisco, com autorização para escolher seu sucessor; direito de prover todos os ofícios da justiça e fazenda; vários hábitos, tenças e outras mercês aos parentes que o acompanhassem; favor de conceder foro de cavalheiro fidalgo a até cem pessoas que o acompanhassem; a licença de tirar das prisões e levar consigo todos os condenados que escolhesse, com disposição para mineiros, oficiais mecânicos etc.; a licença para levar também quaisquer degredados condenados para outras paragens; a licença de prosseguir, se assim quisesse, no descobrimento para além do rio São Francisco; uma ordem de lhe darem, a fim de que o acompanhassem, duzentos índios das aldeias da Bahia. A essas concessões, acrescentaram outras

---

41 Gabriel Soares Sousa. *Op. cit.*, p. 58.

de 27 de janeiro de 1591: embarcações e mantimentos para todos que o acompanhassem.[42] Vencidos outros obstáculos, voltou ao Brasil e partiu para o sertão. Seu projeto de chegar às cabeceiras do São Francisco não se concretizou e, sem encontrar as jazidas procuradas, achou a morte.

A morte não lhe fora uma alternativa distante: quando herdara de seu irmão o itinerário para o desenvolvimento de várias minas do sertão e decidira empreitar a aventura, esse bem-sucedido senhor de engenho lavrou, em 1584, seu testamento, um balanço de sua vida e de seus valores. Partindo rumo à Espanha, para requerer autorização e privilégios, inventariou seus bens, legando a maior parte aos beneditinos, especificando as condições de seu enterro, as esmolas a serem dadas, missas a serem rezadas; discriminou dívidas e recebimentos; determinou a inscrição em sua lápide: "Aqui jaz um pecador", e exigiu que por ele não dobrassem os sinos e que o acompanhassem de dois pobres a carregar tochas, dentro de uma perspectiva de humildade, característica do catolicismo tridentino, ao mesmo tempo em que se atirava, cobiçoso, à busca de minas.[43]

Seu testamento revela aspectos da mentalidade religiosa dos colonos, a maneira como esses homens encaravam a morte, assim como o *Tratado* revela as atitudes perante a vida, a conquista, a colonização. Para o português do ultramar, a Igreja representava tênue elo com a Europa, garantindo-lhes

---

42 Cf. José Honório Rodrigues. *História da História do Brasil. Op. cit.*, p. 434.

43 Testamento de Gabriel Soares de Sousa citado por Varnhagen. Gabriel Soares de Souza. *Op. cit.*, p. 18-22.

a manutenção da identidade. Assim, mais que a força da religiosidade na Metrópole, na colônia, o culto, as cerimônias, as festas, permitiam o congraçamento e a reiteração das formas de vida (e de morte) da cultura portuguesa, revelando, ainda, as permanências da religiosidade europeia e as contradições com as formas de vida coloniais. Mesmo que desviante, a religião impregnava todos os aspectos da vida. Nos atos definidores da existência do colono, a Igreja estava presente, como autoridade, como legitimadora, como consolo, como proteção: nascimento, batismo, casamento, anulação, sepultamentos, abertura de testamentos.[44]

Na colônia, os testamentos eram, além de preceito religioso, dever de ordem legal. Mas, apesar da pressão da Igreja, do dever legal e do imaginário cristão da morte, a grande maioria dos colonos fazia seus testamentos apenas na iminência de riscos, como a partida para o sertão, para uma longa viagem ou, então, à beira da

---

44 "Mais que nunca, a angústia, a culpa e o medo eram temas recorrentes nas ilustrações e escritos do período, com representação dos horrores do juízo final, do inferno e da morte. Se, na Baixa Idade Média, a morte não fora um destino aterrorizante, pois o juízo final era coletivo, à medida que a responsabilidade da salvação se transfere para o indivíduo, a morte passou a ser vista como um momento supremo e pessoal. O cristão deve aprender a arte de bem morrer, apelando ao sofrimento, à Paixão de Cristo muito mais que à Ressurreição, recorrendo a todos os meios para decidir sua salvação, a sorte eterna de sua alma. A vida religiosa enchia-se de relíquias de santos, talismãs, confrarias. Apelava-se a todos os santos e anjos. As indulgências levavam à ideia da possibilidade do ouro comprar a salvação da alma." Walkíria Chassot. *Op. cit.*.

morte, o que era mais comum. O preâmbulo do testamento atesta essa situação e as incertezas quanto aos desígnios de Deus.⁴⁵

Contudo, essa religiosidade, de formalidades rituais, a estabelecer cerimônias, missas, esmolas, não aceitava a supremacia tridentina da Companhia de Jesus e sua doutrinação em favor dos índios e de sua humanidade. Ao contrário de testamentos dos vicentinos que, no século XVII, com frequência, ao final da vida procuravam dar conta a Deus de suas relações com os índios, Gabriel Soares de Sousa, pragmático adepto da escravização dos silvícolas, não faz nenhuma referência a eles.⁴⁶ A luta que travava com os inacianos ficou registrada no virulento *Capítulos* e no *Tratado,* em que advertia que:

> Além desta razão estão os reis informados que se não pode sustentar o Estado do Brasil sem haver neles muitos escravos do gentio da terra para se granjearem os engenhos e fazendas delas, porque sem este favor despovoar-se-á, ao que os Padres

---

45 Reflexão sobre os rituais funerários, especialmente no Brasil, encontra-se em João José Reis. *A morte é uma festa.* São Paulo: Companhia das Letras, 1991.

46 Grandes foram as desavenças entre colonos e jesuítas, geradas no constante choque de interesse e na crescente dissimulação quanto ao que diziam as instáveis leis da metrópole e a prática da escravidão. Os índios mascaravam-se em forros, prestadores de serviços obrigatórios, peças serviçais, homens de serviço pessoal. Nos testamentos do final do século XVII, há maior preocupação em referir-se às leis da metrópole, ressaltando, porém, os costumes da terra: "assim como, algumas peças do gentio da terra encomendo a meus herdeiros que os tratem como livres, no foro e estilo quanto a obrigação da servidão, conforme a permissão da justiça ordinária, pedindo a meus herdeiros que lhes dêem todo o bom tratamento". Gabriel Soares de Sousa. *Op. cit.*, p. 18-22.

não querem ter respeito, porque são eles que tiram proveitos deste gentio, porque os trazem a pescar ordinariamente e por marinheiros em seus barcos e a caçar e nos seus currais lhes guardam e cercam as vacas e éguas e porcos, trabalham-lhes nas suas obras em todos os ofícios, necessária, trabalham-se com os carros e nas roças, e no inverno andam-lhes nas praias buscando âmbar no que lhe dão muitos proveitos, no que não querem que se aproveite outra gente.[47]

A trajetória de Gabriel Soares de Sousa e seus escritos permitem, hoje, vislumbrar a colonização nos primeiros tempos: os homens, as motivações, as esperanças. Permitem-nos, ainda, perceber a insensibilidade frente à escravidão, numa época em que essa desigualdade era tida como natural. Revela o conflito entre esses homens que arriscavam tudo no ultramar e a obra de controle e normatização dos jesuítas. Eram homens cristãos e, mais que isso, católicos tocados pela doutrina tridentina e que viam nos luteranos (como ele se refere aos inimigos do Império) o perigo latente.

Pode-se, por meio dele, perceber o horizonte quixotesco e aventureiro da colonização, os limites do pragmatismo português. Como o personagem de Cervantes, o homem ibérico ainda estava, ao findar o século XVI, tomado pela nostalgia da Reconquista e dos feitos cavalheirescos. Em Portugal, o próprio D. Sebastião fora o maior exemplo disso.[48] Enfrentar os mares e viver em colônias era uma das opções de enriquecimento e

---

47 Idem. Op. cit..

48 Veja-se Pierre Vilar. "El Tiempo de Quijote", In: *Crecimiento y desarrollo*. Barcelona: Ariel, 1974, p. 332-46.

de afidalgamento.[49] Se faltavam as guerras heroicas da Índia, no Brasil, além da defesa do litoral, havia os sertões a conquistar. E se a costa oferecia o espetáculo concreto e realista dos negócios, o sertão desafiava a imaginação e atiçava os sonhos.

---

49 "A Índia era uma fortaleza sitiada e as brechas se alargavam dia a dia. Mas, no Atlântico, o panorama seria de empolgar os quixotes disponíveis na Península. Porque as colônias ocidentais, principalmente o Brasil, estavam em plena crise de crescimento. Não se tratava apenas da defesa de litorais disputados: havia imensidões continentais a conquistar. E uma civilização embrionária pedindo para crescer. Apenas, dentro dos continentes, a luta na América ou na África não ofereceria lances espetaculares de vitórias contra potentados, nem cidades se ofereciam ao gozo do saque; era uma tarefa inglória para a época, vencer os sertões e dominar o gentio. Para colonos anônimos e enérgicos." Eduardo D'Oliveira França. *Portugal na época da Restauração. Op. cit.*, p. 165.

RESISTÊNCIA E ACOMODAÇÃO: OS HOLANDESES EM PERNAMBUCO (1630-1640)

Quando se colocam em discussão o sentido e as limitações das revoltas coloniais, é preciso ter em mente as diferentes trajetórias, ao longo dos primeiros séculos, que possibilitaram tomadas de consciência, e as múltiplas situações que construíram lentamente as bases das identidades brasileiras que aflorariam no século XIX.

À época da Independência, as tensões internas, resultados de profundas diferenças nos planos social, racial e econômico, refletem os processos históricos variados que nutriam as latentes disputas regionais, mais que uma colônia em luta contra Portugal. A ausência de uma consciência nacional que abrigasse as especificidades das diferentes capitanias, explica, sem dúvida, os rumos de nossa emancipação, sem um movimento revolucionário capaz de construir a sociedade sobre novas bases.[1]

---

1 István Jancsó acentua: "Na verdade, antes de se falar de uma sociedade brasileira, deve-se pensá-la como a justaposição, via Estado, de um conjunto de sociedades regionais, cada qual com razoável grau de coesão e identidade,

Ratificou-se um projeto de sociedade pensado pela metrópole, num processo de interiorização da dominação que se identifica com a constituição de um centro de poder no Centro-Sul, desde meados do século XVIII.[2]

Nessa época, homens como José Bonifácio, ao constatarem as tensões internas resultado das profundas diferenças no plano social, racial e regional, estavam convencidos de que a ausência de uma consciência nacional impedia uma transformação radical, capaz de reconstruir a sociedade sobre novas bases.[3]

O caso de Pernambuco, onde as revoltas de 1710, de 1801 e principalmente de 1817 apontaram sentimentos de descontentamento, desobediência e flagrante subversão, é exemplar para a aferição dessa construção da identidade do branco de origem portuguesa com a colônia; de como esses "exploradores" – como tais, sem nação – construíram as bases culturais, uma tradição de si mesmos, que os identificou com a pátria "pernambucana" como protótipo do Brasil.[4]

---

que apresentavam tendências tanto para a convergência quanto para a dispersão." *Na Bahia contra o Império*. São Paulo: Hucitec, 1996, p. 211.

2 Veja-se Maria Odila Leite da Silva Dias. "A Interiorização da metrópole". In: Carlos Guilherme Mota. *1822 dimensões*. São Paulo: Perspectiva, 1972, p. 160-84.

3 Cf. Miriam Dolhnikoff. "Introdução". In: Miriam Dolhnikoff (org.). *José Bonifácio*. Projetos para o Brasil. São Paulo: Companhia das Letras, 1998.

4 Veja-se Carlos Guilherme Mota. *Atitudes de inovação no Brasil* (1789–1801). Lisboa, Horizonte, s/d; *Nordeste 1817*. São Paulo: Perspectiva, 1972; Evaldo Cabral de Mello. *A fronda dos mazombos*. São Paulo: Companhia das Letras, 1995.

Nesse quadro, a luta contra os holandeses, particularmente após 1645, nutriu o imaginário pernambucano, apresentando-se como um movimento precoce de preservação da identidade individual, digamos, "nacional pernambucana", ou antes, de resistência dos heroicos colonos de Pernambuco contra os inimigos de Portugal.

Mas o que entender do período anterior (1630-1640) quando em Portugal já fermentava o movimento restaurador, e os sentimentos anticastelhanos voltavam à ordem do dia, mas na colônia lutava-se contra a Holanda, em defesa do Império? Ou seja, na metrópole evoluía a consciência do peso da dominação espanhola até a Guerra de Restauração; na colônia, aparente contradição da defesa do território contra os inimigos de Espanha.

Há não muito tempo, a historiografia sobre o Brasil buscou retomar com mais profundidade a questão do significado do período da União Ibérica para o Brasil. Com razão, Stuart Schwartz assinalou, em 1968,[5] a pouca atenção dada ao tema, indicando algumas linhas de pesquisa e de reflexão, aprofundadas mais tarde nos trabalhos de Evaldo Cabral de Mello.[6]

Não apenas o episódio da União Ibérica carece de mais pesquisas. Para Eduardo D'Oliveira França, todo o século XVII é mal estudado: "o absolutismo triunfante, a mania de aristocracia ferreamente instalada, colidiram com a tradição historiográfica

---

5 Stuart Schwartz. "Luso Spanish relations in Hapsburg Brazil." *The Americas*. 25(1): 33-48, julho de 1968.

6 Evaldo Cabral de Mello. *Olinda restaurada*, Rio de Janeiro: Forense/Edusp, 1975; *Rubro veio* (O imaginário da Restauração Pernambucana). Rio de Janeiro: Nova Fronteira, 1986.

do nacionalismo liberal. O nacionalismo prevenido contra o humanismo retardatário, o liberalismo incompatível com o antigo regime em sua plenitude... armaram-se contra ele".[7]

Dessa forma, procurar discutir as dimensões da consciência antiespanhola ou não do primeiro período de domínio holandês em Pernambuco esbarra em dificuldades que vão desde a ausência de estudos de conjunto sobre o período da União Ibérica até o cipoal da documentação da época: a correspondência oficial, marcada pelos filtros de sua própria natureza, e a crônica da guerra, a segunda envolvida pelas diversas leituras que constituíram o denso imaginário pernambucano da restauração.

A ideia secularmente cristalizada de que a luta contra os holandeses havia se constituído ou num movimento precoce de luta pela identidade individual, digamos "nacional pernambucana", ou na resistência dos heroicos colonos de Pernambuco contra os inimigos de Portugal, foi dissecada na análise de Evaldo Cabral de Mello sobre o imaginário da Restauração.[8] Há ainda, porém, questões pendentes.

Cabe indagar dos motivos da resistência, desde 1624 na Bahia e, posteriormente a partir de 1630, em Pernambuco, como esforço conjunto de colonos, portugueses e espanhóis. Essa constatação fornece, sem dúvida, elementos para refletirmos sobre essa interiorização, por parte do colono, de seu papel de colonizador, de agente dos poderes metropolitanos. Mesmo ao apontar a vertente econômica dessa resistência, ou seja, a

---

7 Eduardo D'Oliveira França. *Portugal na epoca da Restauração*. Op. cit., p. 6.
8 Evaldo Cabral de Mello. *Rubro veio* (O imaginário da Restauração Pernambucana). *Op. cit.*

defesa dos interesses imediatos dos senhores de engenho na manutenção de suas propriedades e de seus rendimentos, aspectos específicos da atuação da açucarocracia pernambucana revelam mais que a simples defesa dos interesses econômicos.

A questão das guerras e revoluções no mundo português durante o período Habsburgo passa por duas realidades diferentes. De um lado, o que significaram em Portugal a Uninião Ibérica e a luta pela Restauração.[9] De outro, o que foram a guerra de resistência e a expulsão dos holandeses no Brasil.

Parece não haver dúvidas de que a incorporação de Portugal e seus domínios por Filipe II, em 1580, ocorreu sem grandes traumas em Portugal e no Brasil. Por outro lado, as incursões holandesas e sua fixação em Pernambuco parecem não ter resultado na colônia qualquer indisposição contra o domínio espanhol, nem mesmo contra o domínio metropolitano, após 1640.

Do ponto de vista da mentalidade da nobreza portuguesa, Eduardo D'Oliveira França realça um desgosto antiespanhol, que não

> se tratava de oposição extensiva, aberta, ao domínio castelhano. Domínio que, aliás, estava longe de ser tirânico ou humilhante em suas práticas. A humilhação estava não na maneira de exercer esse domínio, mas no fato mesmo de ele existir e acarretar

---

9 Completa análise da situação em Portugal encontra-se em Luis Reis Torgal. *Ideologia política e Teoria do Estado na Restauração*. Coimbra Biblioteca Geral da Universidade de Coimbra, 1981. Veja ainda: António de Oliveira. *Poder e oposição política em Portugal no Período Filipino* (1580-1640). Lisboa: Difel, 1990;

consequências. Em nada brutal, em quase nada mais policial que na própria Espanha, ele não provocava resistências declaradas. Desarmava hostilidades.[...] Porque é preciso pensar na mentalidade do tempo na Europa. Em época de concepção patrimonial do poder, um príncipe estrangeiro de nascimento, por esse fato, não constituía humilhação para país algum.[10]

Não foi essa, realmente, a única razão dessa passagem pouco traumática, em 1580. Desde o último quartel do século XVI afirmava-se uma nova realidade no contexto dos dois grandes impérios ibéricos. Gradativamente, afirmava-se uma linha de comércio a unir Lisboa e Sevilha, em detrimento da rota Lisboa–Antuérpia.[11] Na segunda metade dos quinhentos, o império espanhol atingira seu apogeu, tornando-se poderoso pólo de atração para o império português.

Essa aproximação apoiara-se no conjunto de características sociais e culturais que remontavam à dominação patrimonial fortemente consolidada na península. Por outro lado, ambos os reinos legitimavam sua dominação ultramarina no poder papal e se autoproclamavam povos escolhidos para a sagrada e escatológica missão de evangelização de todo o planeta.[12] A aproximação diplomática, a política de casamentos e irradiação da cultura espanhola pela península criavam bases

---

10 Eduardo D'Oliveira França. *Portugal na época da Restauração*. Op. cit.
11 Vitorino de Magalhães Godinho. "1580 e a Restauração.". In: *Ensaios II*. 2ª ed. Lisboa, Sá da Costa, 1978, p. 383-8.
12 Cf. Flávio de Campos. *História Ibérica*. Apogeu e declínio. São Paulo: Contexto, 1991, p. 27-8.

para que a União, consolidada em 1580, não chegasse a causar traumas nas elites portuguesas.[13]

Na metrópole, a União não ocorreu, portanto, apenas em função dos direitos de sucessão de Filipe II ou da conquista militar. Não foi uma usurpação a ferir uma pretensa identidade nacional portuguesa.[14] Buscando entender a mentalidade do homem português nessa época, Oliveira França afirma: "Mais ainda, os portugueses zelavam por sua fidelidade aos reis. O rei castelhano embora, sempre era o rei".[15]

Mas se é verdade que a União Ibérica não gerou traumas na elite portuguesa no final dos quinhentos, a partir de 1620 as tensões tenderam a agravar-se e, cada vez mais, o domínio Habsburgo seria conhecido como o cativeiro do reino. O período passaria a ser retratado como resultado da tirania castelhana, que interrompera o curso das conquistas portuguesas. A oposição aumentou na proporção direta das crises econômicas e do declínio do Império Espanhol.

O povo, a arraia-miúda na verdade, não apoiara com entusiasmo a ascensão dos Filipes, pois as medidas fiscais necessárias para a manutenção das guerras do Império agravaram sua miséria estrutural. A nobreza, de início favorável à União, distante da Corte e dos privilégios de Madri, recolhera-se a suas propriedades rurais e ensimesmara-se na nostalgia dos tempos gloriosos.[16] A crise, geral

---

13 Cf. Vitorino de Magalhães Godinho. "1580 e a Restauração". *Op. cit.*

14 Cf. Flávio de Campos. *Op. cit.*, p. 32.

15 Eduardo D'Oliveira França. *Op. cit.*, p. 185.

16 Ao longo dos séculos XVI e XVII, os movimentos de revolta e protesto entre as classes dominantes dos diferentes reinos e territórios da Monarquia

e estrutural, mas especialmente profunda nos domínios ibéricos, prejudicava fortemente os negócios dos grupos mercantis.

O sistema tradicional pelo qual se regia a Monarquia em teoria, ainda que nem sempre na prática, foi resumido pelo jurista do século XVII Solórzano Pereira: "Os reinos devem ser regidos e governados como se o rei que os mantém unidos fosse só o rei de cada um deles".[17] Mas este aforismo encobria uma ficção que pode explicar o mal-estar o descontentamento dos grupos dominantes nos territórios em questão. Na verdade, partia-se da suposição de que, apesar da incorporação de um reino à unidade mais extensa que representava a Monarquia Espanhola, nada havia na realidade mudado, isto é, que a vida continuaria como até então. Na prática, porém essa suposição era falsa.

O rei deixara de viver entre o povo. Elliot assinala o impacto da ausência do rei em sociedades essencialmente patriarcais. Para ele, em troca desse rei ausente, a busca da pátria pode ter sido uma compensação.[18]

Espanhola adaptaram-se inevitavelmente a um certo padrão comum, já que todos esses territórios compartilhavam a mesma relação com a Coroa e com o governo central de Madri. Os números e os antecedentes históricos tão diversos nos diferentes domínios submetidos haviam imposto à Monarquia Espanhola uma estrutura constitucional e administrativa na qual as demandas ao governo central estavam freadas e embargadas pela diversidade das províncias. Cf. J. H. Elliot. *The Revolt of the Catalans*. Cambridge: Cambridge University Press, 1963.

17 Cf. J. H. Elliot. *The Revolt of the Catalans*. Op. cit.

18 J. H. Elliot. "Revueltas en la Monarquia Española". In: J. H. Elliot. *Revoluciones y rebeliones en la Europa Moderna*. Madri: Alianza Editorial, p. 123-44.

Se o conceito de "pátria" era, na Europa Moderna, vacilante e incerto, os grupos sociais dominantes da Catalunha e de Portugal tinham uma concepção de suas próprias comunidades nacionais que lhes proporcionava um padrão para medir as atuações do governo real. Em Portugal, havia, como fatores de identidade, a soberania e a independência nacionais desaparecidas em data recente e o profundo orgulho pelas proezas épicas e pelas conquistas mundiais, que apontava uma missão providencial interrompida momentaneamente pela desastrosa União com a Espanha. Aí estava o campo semeado para o messianismo sebastianista, que alimentou as lutas da Restauração.

Se não havia grandes motivos para identificar-se com o regime de Madri, para o povo de Portugal não havia grande diferença entre um governo em Madri ou um governo em Barcelona ou Lisboa. Para os grupos dominantes, a alienação com relação ao governo central, considerada pré-condição essencial para a revolta, remontava a épocas anteriores. Os nobres consideravam-se excluídos do direito de patronato e das oportunidades de emprego no serviço real; as oligarquias urbanas acreditavam que um governo absenteísta descuidava de seus interesses econômicos e sociais; em seu conjunto, tais grupos ressentiam-se de um governo que era demasiadamente duro ou ineficaz (e, frequentemente, ambas as coisas) e que estava regido pelas ordens de uma Madri distante.

O reinado de Filipe III pode ser descrito como um período em que o governo central manteve-se relativamente afastado das administrações dos diversos reinos. Foi uma forma de responder ao temor das complicações e perturbações, deixando as comunidades locais viverem suas vidas.

O governo de Filipe IV iniciou-se (1621) em uma atmosfera de suspeita e desconfiança. O caráter do novo regime, e em particular o de seu primeiro-ministro, o Conde Duque de Olivares, era claramente a antítese do regime de Lerma: enérgico, ativo, intervencionista. Se isso refletia o caráter do próprio Olivares, era também reflexo das necessidades do momento. A Espanha voltava a entrar em guerra, o que exigia uma nova política, mobilizando todos os recursos da Monarquia Espanhola. Isto implicava na enérgica decisão de explorar as reservas de riqueza e mão-de-obra de todos e de cada um dos reinos e províncias, sem ter em conta seus direitos e privilégios.

Em 1625-6, circulou pelo Império o rumor de que o objetivo de Olivares era estabelecer "um rei, uma lei, uma moeda". O propósito de mobilizar a monarquia para um esforço militar supremo implicava em cercear leis e liberdades que mantinham a autonomia das diversas províncias e as protegiam contra as fortes exigências de impostos e soldados, exigências que, em caráter regulamentar, se formulavam em Castela. Nas circunstâncias da época, uniformidade significava quase o mesmo que conformidade: conformidade com Castela.[19]

Na prática, as barreiras legais e institucionais, tais como as que protegiam os portugueses, dificultaram a realização dos planos de Olivares de estabelecer em todo o território espanhol essa uniformidade na contribuição ao esforço mi-

---

19 *Idem.*

litar.[20] Sem dúvida, a pressão a partir de Madri foi intensa, principalmente durante a década de 1630. Com constantes ameaças, demandas e perseguições, o governo conseguiu obter importantes somas, mas a irritação crescia. Olivares necessitava e estava decidido a obter tributos fixos e regulares. Por sua parte, os portugueses sentiam-se ofendidos pela implacável resistência de Olivares em reconhecer os grandes serviços que acreditavam haver prestado. Em 1637, a revolta de Évora e outras cidades contra um novo tributo que Olivares pretendia recolher apontava as dificuldades que se aproximavam.

Em 1640, os grupos sociais dominantes em Portugal estavam encolerizados e assustados. Em muitos aspectos esse medo era egoísta. Sentiam-se ameaçados pela perda de privilégios e temiam as vastas consequências que haviam derivado da política de Olivares. Pelos desacertos dos castelhanos em seus próprios assuntos, sentiam-se alarmados ante a perspectiva de se verem arrastados pela catástrofe que ameaçava destruir Castela.

Além do mais, o conflito generalizado contra a Espanha resultara na perda de ricas possessões portuguesas no ultramar, que passaram às mãos dos holandeses. Por outro lado, sua economia mostrava alguns sinais de recuperação, e ainda que o grau de prosperidade de Portugal não se possa medir em cifras absolutas, naquele momento a tendência era mais positiva que a de Castela. O contraste mais óbvio e surpreendente manifestava-se, talvez, na situação de suas moedas.[21]

---

20 Stuart Schwartz. *Burocracia e sociedade no Brasil Colonial*. São Paulo: Perspectiva, 1979, p. 36-7.

21 *Idem, ibidem.*

E na colônia? Para entendermos a reação dos colonos ao período da União Ibérica, é preciso ter em mente o quadro de determinações que permitiram a fixação de colonos portugueses no Brasil e considerar que a conquista ultramarina rapidamente converteu-se em colonização, a guerra heroica em guerra econômica, a campanha imperialista deixou os grandes feitos, e a atmosfera colonial, principalmente no Brasil, pouco tinha de fidalga. Rapidamente, ir para as colônias passou a ser algo visto como desterro. Foram as honras de ofício ou a cobiça das riquezas do açúcar, mais tarde, que atraíram colonos.[22]

No fundo, era um ambiente pouco propício para o fidalgo, pois era preciso sujar as mãos no tráfico, no comércio. Não era o sangue que assegurava o prestígio social: era o dinheiro.

Em plena União Ibérica, buscando defender as grandezas da colônia americana, Brandônio, em seu diálogo com Alviano, realçava ter sido o Brasil povoado por degredados:

> [...] mas deves saber que esses povoadores pela largueza da terra, deram em ser ricos e com a riqueza primeiramente vieram a povoar o Brasil a poucos lanços pelas foram logo largando de si a ruim natureza de que as necessidades e pobrezas que padeciam no Reino os fazia usar. E os filhos dos tais, já entronizados com a mesma riqueza e governo da terra, despiram a pele velha, como cobra, usando em tudo de honradíssimos termos[...][23]

---

22 Cf. Eduardo D'Oliveira França. *Op. cit.*, p. 159.
23 *Diálogos das Grandezas do Brasil. Op. cit.*, p. 92.

Já em 1584, a sociedade pernambucana espantava Fernão Cardim, que afirmava haver em Pernambuco mais vaidade que em Lisboa.²⁴ Mas era Lisboa que estava no imaginário dessa gente, que se considerava muito mais colonizador do que colono, muito mais agente da colonização do que paciente das medidas administrativas metropolitanas. Essa identidade reflexa do colono, identidade ibérica, sem enraizamento com o mundo colonial, foi notada pelos cronistas. O mesmo Brandônio firmava: "[...] cuidar cada um deles que logo, em breve, se hão de embarcar para o reino e que lá hão de morrer e não basta a desenganá-los desta opinião, mil dificuldades que, a olhos vistos, lhes impedem poder fazê-lo".²⁵

Schwartz ofereceu, como alternativa para o estudo do período, situar exatamente o papel do Brasil na política que levou os Habsburgos a anexar o Império Espanhol. Nesse contexto, o Brasil não era o centro da questão. O elemento de importância, no conjunto da Guerra Europeia, era o Atlântico, estratégico para o rentável comércio de especiarias e de escravos. Não era o Brasil, em 1580, senão o "quintal da Europa", na feliz definição do autor.

A importância econômica do Brasil cresceu, porém, durante os primeiros 40 anos da dominação espanhola, com o incremento da produção açucareira. O crescimento da produção foi realmente rápido, estimável pelo número de engenhos. Em 1570, Gandavo citava a existência de 60 unidades (55 no Nordeste),²⁶ e o padre

---

24 Fernão Cardim. *Tratado da Terra do Brasil*. Op. cit., p. 201.
25 *Diálogos das Grandezas do Brasil* (1618). Op. cit., p. 10.
26 Cf. Pero de Magalhães Gandavo. *Tratado da Terra do Brasil*. Op. cit., p. 25-40.

Cardim computou 115 moendas, sendo 66 em Pernambuco e 36 na Bahia.[27] Segundo Diogo de Campos Moreno, em 1612 o total de engenhos chegava a 192, dos quais 170 no litoral nordestino.[28] Às vésperas da invasão holandesa em Pernambuco, 346 engenhos moíam cana no Brasil.[29]

Não podemos avaliar o total da produção brasileira nesse período, mas há algumas estimativas. Em 1591, 63 engenhos de Pernambuco produziam 378.000 arrobas, e na Bahia, em 1610, calcula-se que o mesmo número de moendas gerasse 300.000 arrobas.[30] À época da invasão holandesa na Bahia (1624), cerca de 300 engenhos no Brasil geravam por volta de 960.000 arrobas.[31]

Os preços computados entre 1550 e 1620 mostram franca tendência ascensional, incentivando o incremento da produção.[32] E mesmo que, se a partir de 1611, notemos o declínio dos preços do açúcar branco, a tendência continuou ascensional. Em 1614, Manuel Rodrigues Sanches, contratador de dízimos da Bahia, queixava-se de haver perdido dinheiro com a baixa do açúcar e pedia licença para executar as dívidas, sem que os devedores

---

27 Pe. Fernão Cardim. *Tratado da terra e da gente do Brasil* (1584). *Op. cit.*, p. 171-223.

28 Cf. Diogo de Campos Moreno. *Livro que dá Razão do estado do Brasil* (1612). Recife: Arquivo Estadual de Pernambuco, 1955.

29 Cf. "Descripción de la Província del Brasil". In: Fréderic Mauro (ed). *Le Brésil au XVIIéme Siècle*. Coimbra, 1963, p. 167-91.

30 Cf. *Arrendamento dos dízimos de D. Diogo de Meneses*, ABNRJ, 57:40-1, 1935.

31 Cf. Stuart Schwartz. *Segredos internos. Op. cit.*, p. 144-76.

32 ANTT, *Cartório dos Jesuítico*, maços 15 e 17.

pudessem se valer das isenções.³³ O provedor-mor do Brasil, Pedro de Gouveia de Melo, informava a El-Rei, em 1618, sobre o leilão de muitos engenhos sobre os arrendamentos e das dificuldades em encontrar quem os quisesse tocar.³⁴ Contudo, até 1650, a tendência, mesmo com baixas conjunturais foi ascensional.³⁵

A historiografia brasileira tem se pautado pelas generalizações, e a posição mais adotada é a de que o período não tenha causado sensíveis modificações no âmbito colonial. Stuart Schwartz, estudando especialmente a estrutura burocrática do Tribunal de Relação da Bahia, notou que as reformas e políticas iniciadas pelos Habsburgos no Brasil tiveram efeito direto em termos de organização e administração.³⁶ A criação, em Portugal, de instituições de controle colonial como o Consulado (1591), e o Conselho da Índia, (1604), colocaram o Brasil em novas bases de relacionamento com a Coroa. Da mesma forma, foi de influência notável a publicação das Ordenações Filipinas, em 1603. Como resultado dessa profunda reforma judiciária, o Tribunal de Relação foi estabelecido na Bahia, em 1609. Quanto às visitações do Santo Ofício no período, Schwartz afirma não haver sido provada nenhuma relação direta com o domínio espanhol.

Outro aspecto importante da vida na colônia é que a presença de espanhóis, comum desde o século XVI, não gerava grandes diferenças no trato cotidiano dos homens brancos. A regulamentação de doação de terras estabelecia apenas que elas deveriam ser

---

33 AHU, Catálogo Luiza Fonseca, n° 172, 26 de junho de 1614.

34 AHU, Catálogo Luiza Fonseca, n° 185, 6 de agosto de 1618.

35 AHU, Catálogo Luiza Fonseca, n° 206, 16 de janeiro de 1620.

36 Stuart Schwartz. *Burocracia e sociedade no Brasil Colonial. Op. cit.*, p. 36-7.

dadas a católicos. Não-portugueses viviam em número razoável na colônia; entre eles, os espanhóis eram maioria. Os dados da Inquisição para o período de 1591-93 mostram que, no Nordeste, entre 38 e 55% dos estrangeiros eram espanhóis.

Essa convivência sem grandes atritos devia-se à similaridade de religião e cultura, atitudes que, somadas ao rigor da existência colonial, permitiam integração.

A situação era diferente, é claro, quando se colocava em questão a aceitação de estratégia determinada de penetração política e social por parte dos portugueses.

Até 1621, predominaram sem dúvida as medidas reveladoras da autonomia e da dependência dos organismos administrativos com relação à esfera superior do poder, fosse na pessoa do rei, na dos validos ou na do Conselho de Estado Espanhol.

As relações do Conselho de Portugal, dentro do contexto do juramento de Tomar, revela como em Lisboa os vice-reis representavam o monarca à frente da administração. Era esse alto funcionário o executor da política de Madri, que deveria, quanto às colônias: não provocar bruscas reformas nos reinos conquistados; garantir a manutenção e a pluralidade dos reinos, sob as ordens do monarca da Espanha, sem integrá-los necessariamente à Coroa; respeitar os elementos de nacionalidade, para não provocar sublevação.

As medidas administrativas tomadas pelos Filipes, como a criação do Tribunal de Relação, embora não chegassem a despertar hostilidades, certamente feriram interesses de parcelas coloniais, como revela Brandônio.[37]

---

37 *Diálogos das Grandezas do Brasil* (1618). Op. cit., p. 30-2. Stuart Schwartz. "O Tribunal em Conflito" e "A Supressão da Relação". In: *Burocracia e*

As consequências mais concretas das implicações da União Ibérica surgiram com a intensificação dos ataques de corsários holandeses aos navios carregados de mercadorias do Brasil, com os embargos ao contrabando entre Potosí e o Brasil, via Córdoba. Entre 1623 e 1626, 120 navios e 60.000 arrobas de açúcar foram apreendidas, o que representava 1/3 do comércio português.[38]

É preciso salientar alguns problemas com relação ao comércio do açúcar. Em primeiro lugar, ele estava principalmente nas mãos de navios estrangeiros. O monopólio, no período, era entendido como a possibilidade (e necessidade) de participação de navios estrangeiros sob regulamentação metropolitana. Já os espanhóis viam na participação de estrangeiros uma questão estratégica, que, por isso, devia ser evitada. A imposição de um controle mais rígido ao transporte do açúcar, a partir de 1591, viria apenas na década de 1620 colocar dificuldades.

Eddy Stols assinala que temos suficientes elementos e indicações, embora dispersos e incompletos, para afirmar que, para os flamengos, o comércio com o Brasil no fim do século XVI e no início do século XVII não só era acessível como ocupava lugar de destaque dentro da geografia e do volume das operações.[39] Analisando a dinâmica e a participação desses mercadores no Império Português, aponta que as medidas discriminatórias da

---

sociedade no Brasil Colonial. Op. cit., p. 153-87.

38 Stuart Schwartz. "Luso Spanish Relations in Hapsburg Brazil". Op. cit., p. 38-9.

39 Eddy Stols. "Os mercadores flamengos em Portugal e no Brasil antes das Conquistas Holandesas". Anais de História, Assis, 5:9-54, 1973.

Coroa Espanhola tiveram pouco efeito sobre a intensidade do intercâmbio comercial entre os Países Baixos, Portugal e o Brasil.

Para Stols, a questão é: "Como então encontrar nexo entre toda esta atividade febril comercial e a fundação da Companhia das Índias Ocidentais na Holanda e o consequente ataque ao poderio português no Brasil?"[40] Não teriam sido então os motivos econômicos os preponderantes. A formação da Companhia não resultara dos interesses estabelecidos e firmados desses mercadores. Para eles, teria sido preferível continuar o comércio com base num emaranhado de relações pessoais e de parentesco, sem grandes compromissos, caracterizado por obrigações do tipo feudal: comércio talvez menos absorvente de grandes capitais e menos correspondente a um capitalismo avançado – se for verdade que as companhias holandesas constituem etapa importante da formação do capitalismo – mas bem mais lucrativo. Afinal, a organização de uma companhia comportava uma custosa burocracia e grandes despesas com soldados, armas e fortalezas. O autor aponta que o comércio com os Países Baixos era mais interessante via Lisboa, por razões técnicas de navegação e pilotagem e por motivos econômicos (intercâmbio com outros produtos, acessíveis na Península Ibérica, como vinhos, azeites e outros, necessários para o comércio com o Brasil; as vantagens, na volta das embarcações, de colocação dos produtos brasileiros nos próprios mercados peninsulares e, por meio deles, na Itália; a possibilidade, nas transações na Península Ibérica, de adquirir metais preciosos, fosse em letras de câmbio, ou em licenças etc.). Entretanto, navegações e roteiros tão complexos

---

40 *Idem.*

como os habitualmente utilizados pelos mercadores flamengos não eram viáveis dentro da Companhia, que, em estado de guerra com a Espanha, devia evitar os portos ibéricos, dispensando a interessante carga de ida, e ainda perder os mercados da Europa Meridional.

É preciso lembrar que, internamente, travava-se um embate entre esses grupos comerciais tradicionais e internacionalistas, sediados em Amsterdã e vinculados ao comércio ibérico e aos novos grupos de empreendedores, muitas vezes corsários – uma espécie de incipiente burguesia, popular e nacionalista, representada pela Zelândia e por Roterdã. Criava-se um perigoso clima de conflitos permanentes, que ameaçavam os fracos alicerces do novo Estado das Províncias Unidas. Essa guerra civil, no plano econômico, deveria ser evitada. Um possível remédio parecia ser a instituição de uma companhia nacional, largamente aberta ao capital internacional mas também a camadas mais populares, cujos dinamismo bélico-aventureiro e seu espírito de empreendimento seriam, assim, integrados e controlados pelo poder estatal da nascente nação marítima. Ao mesmo tempo, seria regulamentado o comércio daqueles que, nos Países Baixos Espanhóis ou nas outras praças fortes do comércio internacional, continuavam a transacionar tranquilamente com os comércios espanhol e português e beneficiar-se de sua proteção. Impunha-se aqui, para os Estados Gerais, na organização e no controle da economia, uma solução eminentemente política.[41]

Considerando que o fim da trégua entre Espanha e Holanda, a criação da Companhia das Índias Ocidentais e a

---

41 *Idem*.

guerra da Bahia em 1624-5, reduziram drasticamente o fluxo comercial do açúcar,[42] pode-se entender melhor o caráter político dessa decisão.

No contexto das guerras em que o Império Espanhol esteve envolvido a partir de 1621, o Brasil, até então considerado primordialmente uma colônia comercial, uma empreitada comercial, assume cada vez mais o papel de importante elo da cadeia de defesa do Império. Nesse sentido, espanhóis e portugueses não tinham dúvidas de que o estabelecimento de uma base holandesa no litoral brasileiro poderia servir de ponta-de-lança para o ataque sistemático aos comboios de prata no Caribe.[43] As medidas tomadas para a defesa do Brasil seriam, então, uma linha de frente da defesa do Peru, e não, em primeira instância, uma estratégia de defesa das colônias açucareiras.

O recém-instituído Conselho dos XIX (*Heeren XIX*), como era conhecido o conselho diretor da WIC, decidiu-se pela conquista do Brasil, esperando que os lucros do açúcar fossem suficientes para arcar com os custos da conquista e da ocupação. Caso os portugueses ali instalados não quisessem cooperar e resolvessem abandonar suas plantações, seriam substituídos por capitalistas holandeses interessados. Calculavam, otimistas, ser da ordem de 8 milhões de florins o que deveria render anualmente a colônia nas mãos dos holandeses, dos quais 4,8

---

42 Veja-se Evaldo Cabral de Mello. "As escápulas do comércio livre". In: *Olinda restaurada. Op. cit.*, p. 52-6.

43 Jan Andries Moerbeeck. *Motivo porque a Companhia das Índias Ocidentais deve tentar tirar ao Rei da Espanha a Terra do Brasil* (Amsterdã, 1624). Rio de Janeiro: IAA, 1942, p. 36-40.

milhões só de açúcar.⁴⁴ Mas o verdadeiro motivo para essas movimentações guerreiras estava na expansão do conflito Holanda–Espanha para as regiões periféricas da economia-mundo. A WIC era, antes de tudo, produto da iniciativa do grupo dos partidários da guerra contra a Espanha, que haviam executado o "pensionário" em 1619, e viam no alargamento do conflito e na sabotagem do rentável comércio colonial ibérico mais uma estratégia para enfraquecer o Império católico.⁴⁵ "A conquista de Pernambuco e das capitanias vizinhas, efetuada pelos holandeses no século XVII", escreveu José Higyno no seu *Relatório,* "não foi mais do que um episódio da luta prolongada que se travara na Europa entre os reinos de Espanha e os seus súditos rebelados das províncias holandesas".⁴⁶

Em dezembro de 1623/janeiro de 1624, uma armada de vinte e seis navios, comandada por Jacob Willekens, partiu para a tomadar a Bahia. Em 9 de maio, os holandeses desembarcaram nas cercanias da cidade de Salvador e, como relatou uma testemunha, "tal foi o pânico, e tão generalizado foi ele, que nem os brancos nem os índios serviram para coisa alguma, cada qual procurando lugar seguro, sem pensar em dar combate."⁴⁷ Mas os batavos não conseguiriam durar aí muito

---

44 Cf. Charles Ralph Boxer. *Os holandeses no Brasil*. São Paulo: Nacional, 1960, p. 19-20.

45 Veja-se Pedro Puntoni. *A mísera sorte*. São Paulo: Hucitec, 1999.

46 José Higyno Duarte Pereira. "Relatório sobre as pesquisas realizadas em Holanda", RIAGP, 30, 1886, p. 4.

47 *Apud* José Higyno Duarte Pereira. "Relatório sobre as pesquisas realizadas em Holanda". *Op. cit.*, p. 30-1.

tempo. No ano seguinte, a Bahia foi retomada pelos ibéricos por meio de uma monumental operação militar, que ficou conhecida como a Jornada dos Vassalos.[48]

Os diretores da Companhia não se resignaram com a perda da Bahia. A decisão para um novo ataque ao Brasil, desta vez dirigido à rica e mais desprotegida capitania de Pernambuco, foi provavelmente tomada entre o fim do ano de 1628 e o início de 1629.[49] A expedição, sob o comando de Hendrick Corneliszoon Loncq, partiu no dia 27 de junho de 1629 e contava com 67 navios. Chegou à Olinda no início de fevereiro e lançou-se ao ataque no dia 15. Apesar das tentativas de organizar a resistência, sob o comando de Matias de Albuquerque (enviado à capitania com essa missão), optou-se, logo no dia seguinte, pelo abandono das cidade de Olinda e Recife. Os fortes de Recife ainda resistiram por uma quinzena, tendo sido abandonados no dia 3 de março.[50]

Com o fracasso da armada espanhola de Oquendo, que vinha em socorro da colônia capturada, em setembro de 1631, a resistência à invasão limitou-se a uma estratégia de "guerra lenta". Essa estratégia buscava deixar aos holandeses o controle das praças-fortes e manter o da zona produtora de açúcar à espera de uma intervenção da Armada naval, quando isso fosse realizável.[51] Em 1635, foi enviada outra armada, sob o comando

---

48 Bartolomeu Guerreiro. *Jornada dos vassalos da coroa de Portugal para se recuperar a cidade de Salvador, na Bahia de Todos os Santos, tomada pelos holandeses a 8 de maio de 1614*. Lisboa: Mateus Pinheiro, 1625.

49 Cf. Charles Ralph Boxer. *Os holandeses no Brasil. Op. cit.*, p. 51.

50 *Idem*, p. 52-64.

51 Cf. Evaldo Cabral de Mello. *Olinda restaurada. Op. cit.*, p. 24.

de Dom Luiz de Rojas y Borja, com 30 navios. Este conseguiu desembarcar parte de suas tropas em Jaraguá, nas Alagoas, e seguiu para a Bahia. Logo, marchou para Porto Calvo com uma coluna de 2.600 homens, na esperança de enfrentar os holandeses e derrotá-los. O que se deu foi o inverso. Derrotado Rojas y Borja pelo temível Aciszewski, coronel das tropas holandesas, em janeiro de 1636, a resistência restava nas mãos dos próprios portugueses e das tropas que para lá haviam sido enviadas, agora sob o comando do napolitano Bagnuolo, e das colunas do índio Filipe Camarão e do negro Henrique Dias, entrincheirados em Porto Calvo, que havia sido reconquistado.[52] Acentuava-se a campanha de guerrilhas, a chamada "guerra brasílica", resultado não só da acomodação da arte militar europeia às condições ecológicas do Nordeste mas também da assimilação de técnicas locais de guerra.[53]

Em defesa das suas propriedades, as guerras de resistência e de expulsão dos holandeses caracterizaram-se pela mobilização das elites e pela utilização dos recursos locais. A política portuguesa pautara-se em privilegiar a classe economicamente dominante colonial, delegando-lhe poder por meio da concessão de postos e funções nas corporações militares e administrativas do Estado. A outorga de cargos estabelecia uma espécie de compromisso entre a coroa e os colonos, tornados assim responsáveis pelo destino político e administrativo do Estado do

---

52 Cf. Hermann Watjen. *O domínio colonial holandês no Brasil, um capítulo na história colonial do século XVII*. São Paulo, Nacional, 1938, p. 128-34; e Charles Ralph Boxer. *Os holandeses no Brasil. Op. cit.*, p. 60-90.

53 Cf. Evaldo Cabral de Mello. *Olinda restaurada. Op. cit.*, p. 217-48.

Brasil. Mantê-los nas lides do governo significava torná-los fiéis vassalos, atrelados às rédeas do governo metropolitano. Assim, os mais altos cargos governamentais, quando não preenchidos por pessoas da inteira confiança do rei, eram ocupados por elementos recrutados na classe que dominava economicamente a colônia, o que assegurava seu apoio e, consequentemente, o fortalecimento do poder real. A elite econômica tornava-se, desse modo, elite social e burocrática.

É preciso não esquecer que a guerra de resistência desenvolveu-se contra o pano de fundo do recrudescimento do nacionalismo português que, como vimos, caracteriza as relações entre Lisboa e Madri a partir de 1621, desembocando nas "alterações de Évora" de 1637 e, finalmente, na restauração da Independência lusitana, com a ascensão do Duque de Bragança ao trono, em 1640.[54]

Nesse clima de extrema delicadeza das relações luso espanholas, entendem-se as razões da destituição de Matias do comando da guerra em 1635, sem a necessidade de recorrer à explicação imaginosa de Pereira da Costa, que via na medida o objetivo de frustrar um plano de estabelecer em Pernambuco um Estado independente.[55] O mais certo é que

---

54 *Idem, ibidem*, p. 29.

55 F. A. Pereira da Costa (ed). *Anais Pernambucanos*. Recife: Arquivo Público Estadual, 1951-1958, v. III, p. 20. Segundo Pereira da Costa, que não cita a fonte de tal informação, Matias foi privado do comando por ordem de Olivares, que com base em denúncias de oficiais castelhanos o teria acusado de desejar, "debelando os holandeses, tornar-se independente e formar em Pernambuco um Estado soberano".

em Madri se suspeitava do nacionalismo, e dos sentimentos anticastelhanos de Matias uma suspeita que sua estreita ligação com a Companhia de Jesus e especialmente com o Padre Vilhena só serviria para confirmar; e que o fracasso da resistência tenha sido um pretexto para prendê-lo e processá-lo, fazendo dele o bode expiatório que exigia o sucesso das armas holandesas no Brasil".[56]

A substituição de Matias de Albuquerque por D. Luis de Rojas y Borja destruía até mesmo a aparência de controle luso-brasileiro, e houve descontentamento: de um lado, porque tal atitude desobedecia o acordo das capitulações de Tomar; de outro, entre as tropas que defendiam, porque Rojas tinha pouco conhecimento ou experiência na guerra. Rojas foi morto em 1636 na batalha de Mata Redonda – segundo alguns, por um morador de Alagoas, a quem se pagara pela empreitada.

A morte de Rojas abriu nova crise na sucessão. De acordo com as ordens de Madri, estava prevista a sucessão por Juan de Ortiz, que, entretanto, falecera em Alagoas. Na falta deste, cabia o lugar ao Conde Bagnuolo. Nesse processo sucessório ocorre um obscuro episódio de conspiração de portugueses para prender Bagnuolo e entregar a chefia a Manuel Dias de Andrade. O movimento fracassou porque o próprio Manuel Dias de Andrade recusou-se a tomar o poder.[57]

---

[56] Para a participação ativa dos jesuítas na Restauração de 1640, veja-se Pierre Chaunu. "Autor de 1640", *Annales*, 9:44-5. Sobre as relações entre Matias de Albuquerque e o Padre Vilhena, veja Serafim Leite. *História da Companhia de Jesus no Brasil*. Rio de Janeiro: Civilização Brasileira, vol.v, p. 369-75.

[57] Evaldo Cabral de Mello. *Olinda restaurada. Op. cit.*, p. 33.

Para Evaldo Cabral de Mello,

> Manoel Dias de Andrade criara um partido ou clientela dentro do exército, aproveitando-se do fato de ser aparentado com Pedro da Cunha de Andrade, senhor de engenho em Pernambuco, geralmente tido na conta de iminência parda de Matias de Albuquerque. Uma relação de 1636 assinalava que Manoel Dias de Andrade contava com mais afilhados nas tropas portuguesas do que tivera Pedro da Cunha em Olinda. Era este partido ou facção, de elementos influentes na terra, ligados a oficiais portugueses no mesmo desagrado por castelhanos e napolitanos, que vira com descontentamento a substituição de Matias de Albuquerque por Rojas y Borja e a sucessão deste por Bagnuolo.[58]

Mas a substituição de Matias de Albuquerque não conseguiu catalisar a consciência nativista, o reconhecimento da alteridade espanhola ou a ilegitimidade do domínio dos Filipes. O que parece ter ocorrido foi uma substituição desastrada e que Rojas y Borja, preferindo a batalha em campo aberto à guerra de guerrilha, provocou a derrota de Mata Redonda e, consequentemente, levou os moradores ao desânimo e depois à retirada para a Bahia. Aos remanescentes, desprovidos de liderança, não restou senão a acomodação, facilitada pela política conciliadora de Nassau.

Por isso, analisar o significado da luta dos pernambucanos contra os holandeses dentro do contexto da União Ibérica e, mais ainda, no seio de uma parcela dos domínios de Portugal,

---

58 *Idem.*

no momento em que já se agiliza o movimento da restauração que levaria ao trono o Duque de Bragança, dá outra dimensão à questão desses movimentos. No Brasil, a guerra contra os holandeses foi enfrentada num primeiro momento como ataque à legitimidade do Império, que naquele momento tinha por cabeça a Espanha.

De outra parte, mesmo o arrocho tributário necessário para o esforço de guerra não levou ao questionamento da dominação metropolitana, muito menos da espanhola. Mais do que isso, a própria substituição de Matias de Albuquerque, se gerou descontentamentos, não rompeu a unidade colonial contra os holandeses.

Ao que parece, a colônia transitou sem traumas de Portugal para a Espanha e não há certeza de que, à época, houvesse consciência de que os ataques holandeses e as invasões eram causados pelo domínio espanhol e por suas medidas proibitivas ao comércio com a Holanda.[59] De qualquer modo, seria difícil

---

59 Diogo Lopes Santiago assinala que "cousa é notória, em como os holandeses fizeram uma Companhia para comerciarem e negociarem nas partes da Índia Oriental e vexaram os portugueses que haviam tantos anos que nelas moravam e tinham seus tratos e comércios com aquelas gentes e isto para trazerem à Holanda as drogas, especiarias e outras preciosas cousas do Oriente: e fazendo os Estados das províncias confederadas pazes com El-Rei de Castela Felipe III no ano de 1609, por doze anos, que se acabaram no de 1621, determinaram por este tempo fazer uma companhia que vulgarmente chamamos de Bolsa, para conquistarem e tomarem as terras que achassem despercebidas, nas Índias Orientais e Brasil e comerciarem nestas partes, para que assim como se aumentavam em riquezas com drogas da Índia Oriental, se pudessem fazer mais opulentas com o ouro e prata da Índia e açúcares do Brasil", História da guerra de Pernambuco – 1670,

(para não dizer impossível) obter dados históricos sobre o descontentamento com relação à política metropolitana, uma vez que tal atitude seria considerada traição, e o escalão superior da administração, se bem que formado por portugueses, estava de acordo com essa política. E como só dispomos (quando dispomos) de fontes oficiais...[60]

Lendo nas entrelinhas, percebe-se que o colono, frente aos holandeses, comportou-se como vassalo da Coroa, lutando contra os invasores. Por outro lado, as questões econômicas eram primordiais.

Outro ponto a ser levado em consideração, na atitude dos colonos frente à dominação espanhola e frente aos holandeses, era a questão cultural, especialmente a identidade religiosa e o reconhecimento dos holandeses como hereges.[61] Nesse caso, desde 1630, a queda de Olinda foi primordialmente apresentada como punição pelos pecados dos moradores de Pernambuco.[62]

1ª ed. integral, segundo o apógrafo da Biblioteca Municipal do Porto. Recife, Fundarpe, 1984. Essa explicação da invasão enfatiza o caráter mercantil da empreitada e, apesar da referência à paz com o rei de Castela, não relaciona a criação da WIC ao contexto do conflito entre holandeses e espanhóis.

60 As fontes relativas aos pedidos de mercês pelos serviços prestados foram exaustivamente trabalhadas por Cleonir Xavier de Albuquerque. *A remuneração de serviços da Guerra Holandesa*. Recife: Imprensa Universitária, 1968.

61 "Nesta rejeição cultural do neerlandês pelo luso-brasileiros atuavam, além do preconceito religioso, o sentimento monárquico e o orgulho estamental. Uma coisa era servir a realeza, outra, bem diferente, servir a um governo de comerciantes." Evaldo Cabral de Mello. *Rubro veio. Op. cit.*, p. 338.

62 "A queda de Olinda como castigo divino, matéria do primeiro capítulo da crônica de Calado, correspondia ao topos principal da predicação que

No *Lucideno,* Calado ressalta a tomada de Olinda como a queda e condenação de toda a população colonial, pois nela "entrou o pecado, foram-se os moradores dela, entre a muita abundância, esquecendo-se de Deus; e deram entrada a vícios: usuras, onzenas e ganhos ilícitos, amancebamentos públicos, ladraíces e roubos, brigas, ferimentos e mortes, estupros e adultérios, práticas judaizantes, corrupção da justiça".[63]

Consumada a invasão, embora a resistência comandada por Matias de Albuquerque contasse com a adesão de muitos senhores de engenho, houve também pouca vontade em colaborar, especialmente com recursos.[64]

Na alegação de serviços prestados à Coroa por Manuel Álvares Deusdará, uma certidão de Luis Barbalho Bezerra diz que, estando alguns moradores afazendados presos por ordem de Matias de Albuquerque, por não quererem fazer empréstimos ao rei, o requerente levou 6.000 para sustento dos soldados.[65] Outra certidão atesta que "em outras ocasiões em que os soldados que assistiam nas estâncias deixaram seus capitães e vinham lançar as armas à porta do Provedor da

---

se fez ouvir, antes e depois da perda da cidade, nos templos, igrejas e capelas do Nordeste." Evaldo Cabral de Mello. *Rubro veio. Op. cit.*, p. 252.

63 Frei Manoel Calado. *O valeroso lucideno e o triunfo da liberdade* (1648). São Paulo/Belo Horizonte: Edusp/Itatiaia, 1987.

64 Um dos problemas para o tipo de guerra que caracterizou o período de 1630-5 (guerra lenta) foi, sem dúvida, a utilização de uma estratégia que prejudicasse ao mínimo a produção e a exportação de açúcar. Cf. Evaldo Cabral de Mello. *Olinda restaurada. Op. cit.*, p. 47.

65 AHU, códice 79, fl. 350v.

Fazenda e Almoxarifado, dizendo que sem lhes darem de comer não haviam de servir e escondendo-se o dito Provedor porque não tinha para dar-lhes nem havia fazenda de Vossa Majestade de que os prover", sustentou-os o requerente, à sua custa, por 32 dias.[66]

Os custos da resistência eram altos, e a situação da produção açucareira no Brasil já não refletia a prosperidade das primeiras décadas do XVII. O compasso de euforia criado pelos incentivos do início da colonização manteve-se até a década de 1610. A partir de 1619-22, a tendência secular sofreu alterações, mas a grande inflexão negativa da conjuntura açucareira só se daria realmente após 1650.[67] No entanto, a partir de 1622 os preços do açúcar no Brasil oscilaram nervosamente, e apenas em 1635 retomava-se o índice de 1620.[68] Vários fatores explicam essas flutuações de um lado, a retomada das guerras europeias e o incremento geral da produção no Brasil; de outro lado, a situação precária da comercialização, após 1621, deixava os senhores à mercê dos mercadores. No mercado europeu, porém, de acordo com os dados de Posthmus, nesse mesmo período os preços continuaram em alta, o que é explicável levando-se em conta haver diminuído o abastecimento de açúcar na praça de Amsterdã, devido aos problemas das invasões.[69]

---

66 AHU, códice 80, fls. 318v/319.

67 Sobre a crise estrutural do século XVII, ver Ruggiero Romano. "Tra XVI e XVII Secollo. Una Crisi Economica: 1619-1622". *Revista Storica Italiana*, Roma: 3:480-531, 1962;

68 Cf. Vera Lucia Amaral Ferlini. *Terra, trabalho e poder. Op. cit.*, p. 68.

69 *Idem.*

Esses mesmos fatores (dificuldades de transporte, diminuição das compras nas colônias) eram os responsáveis pela queda de preços no Brasil, onde as caixas de açúcar se acumulavam, à espera de compradores.[70]

A situação, tanto para Portugal como para o Brasil, era bastante difícil. Portugal perdeu, entre 1623 e 1638, 547 navios, apresados pelos holandeses.[71] Praças africanas, fornecedoras de ouro e de escravos, também foram conquistadas. A situação de instabilidade nos transportes, aliada ao encarecimento constante dos escravos, agrava ainda mais a situação dos produtores de açúcar, deteriorando-se o poder de troca dos coloniais.[72]

Nessa situação, enfrentar financeiramente a resistência aos holandeses colocava graves problemas fiscais. Desde 1619, a arrecadação dos dízimos do Brasil revelava o declínio do movimento econômico mundial.[73] Sabemos também que, nos últimos anos da década de 1620, a receita dos impostos reais cobria praticamente apenas as despesas com a defesa e que quando, em 1629, Matias de Albuquerque retornara ao Brasil para cuidar da defesa perante a iminente invasão, a insistência

---

70 Cf. AHU, Bahia, *Papéis Avulsos*, Catálogo Luiza da Fonseca, 1929.

71 Cf. Vitorino de Magalhães Godinho. "1580 e a Restauração". In: *Ensaios* II, *op. cit.*, p. 389-99.

72 Veja-se *Documentos Históricos. Patentes*, provisões e alvarás, "Registro de uma provisão por não se fazerem penhoras nas fazendas por dívidas pequenas", vol. 16, p. 389-90.

73 71. Cf. Cleonir Xavier de Albuquerque da Graça e Costa. *Receita e despesa do Estado do Brasil no Período Filipino* (aspectos fiscais da administração colonial). Recife: Universidade Federal de Pernambuco, 1985, Dissertação de Mestrado.

na aplicação do imposto sobre os vinhos gerara descontentamentos.[74] Se, após a expulsão dos holandeses, os pernambucanos buscaram junto à Coroa recompensas pelo serviço de guerra, a documentação também mostra que grande parte do esforço dos primeiros anos da resistência foi quase exclusivamente custeada pelos coloniais. Até 1632, o dízimo do açúcar foi enviado para a metrópole. Sendo Pernambuco uma capitania de donatário, já em 1630 Matias de Albuquerque utilizou as fazendas de seu irmão no orçamento militar.[75]

Mesmo essas dotações não eram suficientes, o que impôs a criação de novos tributos. A partir de 1630, os donatários e governadores das capitanias conquistadas lançaram novos impostos e contribuições, que geraram insatisfações internas.[76]

É importante ressaltar que, mesmo conquistada Olinda, a administração manteve-se precariamente até que se consolidasse a conquista. A biografia de Matias de Albuquerque indica de que, ante a iminência da invasão, ele teria convocado todas as pessoas interessadas na defesa do país, deliberando que "nenhum morador tirasse da vila pessoa alguma de sua família, nem coisa que pertencesse a sua fazenda", mas "alguns foram de opinião contrária, dizendo que cada qual pusesse a salvo o mais precioso e mais estimado de suas famílias, para que na ocasião da defesa e do perigo se empenhassem somente em sustentá-las". Mas prevalecendo a primeira opinião, Matias de Albuquerque publicou um edital em nome de El-Rei, no qual ordenava aos habitantes que não

---

74 Cf. Evaldo Cabral de Mello. *Olinda restaurada. Op. cit.* p. 138-9.

75 *Idem*, p. 139.

76 *Idem*, p. 140.

se ausentassem e que não tirassem de suas casas nenhuma de suas fazendas e haveres. Entretanto, apesar dessa terminante proibição, a desconfiança foi tal que os habitantes secretamente conduziram para o interior a melhor parte das suas riquezas.[77] A opção pela guerra lenta tem sido ainda motivo de discussão, principalmente quanto ao momento da substituição de Matias de Albuquerque por Rojas y Borja, que Pereira de Costa atribui exclusivamente ao Conde-Duque de Olivares. Acrescenta que, diante da "reprovação geral", o ministro justificou que assim fizera "porque Matias de Albuquerque só desejava aumento de força para, debelando os holandeses, tornar-se independente e formar em Pernambuco um estado soberano".[78] Pode ser uma pista. Na Introdução às *Memórias Diárias*, José Antonio Gonsalves de Mello também se refere a essa insinuação de que "a tática de guerra lenta era de interesse da família Albuquerque Coelho, receosa de que os Filipes recuperassem Pernambuco com uma armada, quisessem incorporá-la ao Patrimônio da Coroa".[79] Naturalmente a escolha foi errada, livraram-se dos Albuquerque Coelho, mas perderam as capitanias anexas.

Foi mais tarde, principalmente a partir da Guerra dos Mascates (1710), que o imaginário pernambucano cristalizou o entendimento

---

77 Cf. F.A. Pereira da Costa. *Dicionário de Pernambucanos Célebres* (1882) 2ª ed. Recife: Fundação de Cultura da Cidade do Recife, 1982, p. 107.

78 *Idem*, p. 710.

79 Duarte de Albuquerque Coelho. "Uma Crônica da Guerra Pernambucana em Nova Edição" In: José Antonio Gonsalves de Mello. *Memórias diárias da Guerra do Brasil* (1630-1638). 2ª ed. Recife: Fundação de Cultura da Cidade do Recife, 1982, p. 10-1.

da Insurreição como a expressão da luta pela manutenção da identidade específica da capitania, um precoce nativismo.

E aqui vai um percurso contraditório. Os anos 1630 pautaram-se, como visto, pela resistência aos holandeses, hereges, invasores, sem que, de forma sistemática e organizada, as insatisfações pelo desempenho da Coroa houvessem desembocado no questionamento da dominação metropolitana, quer espanhola, quer portuguesa. E embora a Insurreição fosse iniciada não apenas sem o concurso da Coroa, mas explicitamente contra a Coroa, tal "primeiro nativismo" teria afirmado a ideia de lealdade a El-Rei, na fórmula expressa por Nabuco de "resistir ao Rei", para melhor servir ao Rei.[80] Nessa visão, o sentimento nativista deitara raízes principalmente no período de 1645-8, em que Pernambuco, livre já dos holandeses sitiados em Recife, mantinha-se independente, ainda, de Portugal.[81]

Esse esforço de guerra, apresentado como "a custa de nosso sangue, vida e fazendas", principal argumento dos colonos após 1654 para a obtenção de recompensas régias, embasou na segunda metade do XVII a concepção contratual das relações entre Pernambuco e a Coroa Portuguesa.[82] Requerendo privilégios por terem lutado pela restauração de uma porção do Império Português, os colonos exigiam também a preservação da identidade de Pernambuco, de um estatuto especial a reger as relações

---

80 Evaldo Cabral de Mello. *Rubro veio. Op. cit.*, p. 104-5.
81 Ver C. R. Boxer. *Os holandeses no Brasil. Op. cit.*, e José Antonio Gonsalves de Mello. João *Fernandes Vieira, mestre de campo do terço da Infantaria de Pernambuco*. Recife: Universidade do Recife, 1956.
82 Cf. Evaldo Cabral de Mello. *Rubro veio. Op. cit.*, p. 123-4.

entre capitania e metrópole. A aparente contradição se refere ao fato de que Pernambuco, até a ocupação holandesa, era capitania de donatário, o que lhe garantia certo grau de autonomia frente à Coroa e ao governo geral da Bahia. Após a expulsão dos holandeses, a capitania foi incorporada à Coroa, tendo o mesmo estatuto e tratamento das demais capitanias.[83]

Esse primeiro nativismo, limitado pela mentalidade do colono, que estavam dividido entre sua identidade enquanto colonizador e seu cotidiano de colonizado, entre sujeito do processo de colonização e objeto da ação e da exploração metropolitana, persistiu e marcou a Independência do Brasil como um processo de interiorização da metrópole. No século XIX, ao longo dos movimentos insurrecicionais da Província, aparecerá como uma frustração: "a frustração histórica de uma restauração que não se desdobrara em independência, a nostalgia de uma oportunidade quase mágica que não se soubera ou não se pudera aproveitar".[84]

Os longos anos de resistência e acomodação e a expulsão dos holandeses não foram, assim, episódios descartáveis e sem sequelas para a capitania. Mais do que o engajamento e a fidelidade a El-Rei, mais do que o aproveitamento desse esforço de guerra para

---

83 Ver Francis Dutra. "Centralization vs. Donatarial Privilege: Pernambuco, 1603-1630", In: Dauril Alden (ed.). *Colonial Roots of Modern Brazil*. Los Angeles, 1973, p. 19-60. Mais recentemente, os conflitos jurisdicionais entre a Coroa e Pernambuco no período pós-1654 foram estudados porVera Lucia Costa Acioli. *Jurisdição e conflitos: A força política do senhor de engenho*. Recife: UFPE, 1989.

84 Evaldo Cabral de Mello. *Rubro veio. Op. cit.*, p. 140.

a barganha com a Coroa, o período modificou substancialmente a composição social e econômica interna da capitania, legando tensões e conflitos internos que marcariam novas revoltas e encaminhariam propostas concretas de separatismo no século XIX.

PARTE II

VIVÊNCIAS COLONIAIS

SALVADOR:
PORTO DO BRASIL, CIDADE DO AÇÚCAR, ESPELHO DA COLÔNIA

Se o Brasil se tornou, pouco a pouco, o centro da expansão colonial portuguesa, esta não fora, na verdade, a motivação principal dos esforços lusitanos na primeira metade do século XVI. A Índia com suas riquezas, este sim, era o grande objetivo. Mas as tentativas de manter o Império no Oriente fracassavam e os 400 contos do rendimento da Índia eram consumidos no seu próprio sustento.[1] Tempos ingratos prenunciavam-se para o reino, quando D. João III decidiu acelerar o esforço de colonização na América.[2]

---

1 José Roberto do Amaral Lapa. *A Bahia e a carreira das Índias*. São Paulo: Nacional, 1968, p. 2; ver também Thales de Azevedo. *O povoamento da cidade de Salvador*. 3ª ed. Salvador: Itapuã, 1969.

2 Sobre a colonização e a opção pelo açúcar, ver Vera Lucia Amaral Ferlini. *Terra, trabalho e poder. Op. cit.*, p. 13-7; Stuart Schwartz. *Segredos internos. Op. cit.*, p. 21-77. Sobre o comércio do Oriente, para sua comparação com os rendimentos do açúcar, consultar Vitorino de Magalhães Godinho. *Os descobrimentos e a economia mundial*. 2ª ed. Lisboa: Presença, 1981, 4 vols; A. R. Disney. *A decadência do Império da Pimenta*. Lisboa: Edições 70, 1981.

O açúcar, então, estimulava essa iniciativa. Os fluxos de metais que os espanhóis arribavam da América impulsionavam o consumo europeu e os preços da droga subiam, apontando novas possibilidades. Não só o açúcar, cujas possibilidades de riqueza, delineadas nos quinze primeiros anos de donatarias, aguçavam os ânimos metropolitanos, minas de ouro, prata abundante, tesouros sem conta, quase fabulosos, achados no Peru, na contracosta do Pacífico, abriam perspectivas novas no cenário brasílico, onde também se esperava um grande e sensacional descobrimento.[3]

Era essencial defender e assegurar a terra, proteger a costa, povoá-la com recursos que viriam do açúcar, riqueza imediata e promissora. A Bahia e seu recôncavo ofereciam o sítio vantajoso para essa nova experiência. Defesa, produção de açúcar e seu comércio, administração local e geral, tais eram as funções da nova cidade: uma fortaleza e povoação grande e forte, que se possa bem defender, ordenava o rei, recomendando urgência na doação de terras àqueles que residissem na povoação e tivessem recursos para implantar engenhos e lavouras.[4]

No final do século XVI, ainda pequena e sem muros, Salvador pulsava ao ritmo do açúcar, com mais ou menos 800 vizinhos, cerca de 4 mil habitantes, empregados nas fainas do porto, do comércio e da administração.[5] Para a Baía de Todos

---

3 Theodoro Sampaio. *História da cidade de Salvador.* Salvador: Tipografia Beneditina, 1949, p. 170.

4 Regimento de Tomé de Sousa. *Documentos para a história do açúcar. Op. cit.,* p. 47-8.

5 Gabriel Soares de Sousa. *Tratado Descritivo do Brasil. Op. cit.,* p.133-4.

os Santos, acorriam navios trazendo escravos, colonizadores e mercadorias europeias e as embarcações trazendo o açúcar do Recôncavo, que ia em crescimento. Artesãos, comerciantes, funcionários, ajudantes e escravos fervilhavam por aquele esboço de cidade que os cronistas esforçavam-se em ordenar em seus relatos.[6]

No alto, dominando a baía e o porto, a cidade. Em sua praça central, onde nos dias de festa corriam touros, estavam o pelourinho e a casa do governador.[7] Próximas a ela, atendendo às funções administrativa e fiscal, as primeiras casas de fazenda, alfândega e armazéns. A leste, a Câmara e a cadeia. Mais adiante, além da Misericórdia, com o rosto sobre o mar da Bahia, defronte do ancoradouro das naus, estava a Sé inacabada.[8] Depois, o Terreiro, com as construções do Colégio dos Jesuítas e, na outra extremidade, a Igreja de São Francisco e um pequeno convento. Uma artéria principal corria de um extremo a outro dessa pequena cidade, com as lojas dos mercadores e as tendas dos artesãos. Nas paralelas e transversais, que se desenvolviam pelas laterais do monte, interrompidas aqui e acolá pelas depressões dos terrenos, espalhavam-se as casas dos moradores. Na rua da Ajuda, ao lado da antiga Sé de Palha, as casas que serviam de palácio ao bispo. E já mais longe, saindo da cidade, os beneditinos começavam a erguer seu mosteiros. Em outro ponto, ainda

---

6 Fernão Cardim. *Tratados da Terra e Gente do Brasil. Op. cit.*, p. 174.

7 Em 1817, durante sua visita, Tollenare observou, com espanto, o gosto local pelas corridas de touro. L. F. Tollenare. *Notas Dominicais* (1817). Recife: Secretaria de Educação e Cultura, 1978, p. 240.

8 Gabriel Soares de Sousa. *Tratado Descritivo. Op. cit.*, p. 135.

distante, o mosteiro dos carmelitas. Embaixo, na praia, o desembarcadouro, traçando os primeiros rumos da área comercial da cidade, sob a proteção de Nossa Senhora da Conceição.

Sem boa defesa, na época da União Ibérica, a cidade fora alvo de corsários, que vinham em busca das riquezas que o açúcar começara a amealhar; Salvador, ainda pequena, ganhava fama de ser rica.[9] Dizia-se, no estrangeiro, que os moradores eram abastados, possuidores de muita prata em baixela, e que em seu porto, fracamente defendido, aportavam de ordinário muitos navios carregando açúcar, cuja exportação, saída de 36 engenhos prósperos, montava a 120 mil arrobas.[10]

O apogeu do açúcar, na primeira metade do XVII, estimulou o crescimento da cidade, mas, também a fez alvo da investida holandesa de 1624. Rechaçados os batavos, o governo empenhou-se na melhoria das fortificações que, desde 1603, erguiam-se para a defesa do porto e da sede do governo. Com a guerra e suas necessidades, Salvador crescia, apinhada de gente nas lides militares e nos negócios, graças aos altos preços que o produto manteria até cerca de 1650.[11]

A crise geral que afetou a colônia, a partir de meados do século XVII atingiu fortemente Salvador. Ao final do século, porém, o impulso da mineração e uma certa estabilização dos preços do açúcar novamente estimulavam o comércio, e a cidade voltava a crescer e exibir os signos de prosperidade. Em 1699, William Dampier, aventureiro inglês, descrevia Salvador como

---

9 Theodoro Sampaio. *História da cidade de Salvador. Op. cit.*, p. 278.

10 *Idem*, p. 279.

11 Vera Lucia Amaral Ferlini. *Terra, trabalho e poder. Op. cit.*, p. 62-70.

a mais importante cidade do Brasil, fosse por seu tamanho, pela beleza de seus edifícios ou por seu comércio e sua renda.[12]

Ao longo do século XVIII, o açúcar manteve sua força e sua importância na Bahia. Ora sofrendo com as quedas de preço, ora outras usufruindo de conjunturas de guerras que afetavam a produção antilhana, é certo que permaneceu como o mais valioso artigo do comércio brasileiro e de Salvador, seu porto preferencial. Em 1759, a Bahia contava com 122 engenhos. Em 1798, já eram 260 e em 1820, o número de moendas estava em torno de 500.[13]

No começo do XIX, Salvador encantava aqueles que chegavam à Baía de Todos os Santos. Era uma grande cidade, com seus 60 mil habitantes – no Império português, menor apenas que Lisboa, com suas 180 mil almas.[14] Mantinha ainda sua grandeza e, para Humboldt, em 1803, devia "contar-se entre as mais formosas que os europeus fundaram em ambos os hemisférios".[15] Para Maria Graham, anos mais tarde, era uma cidade magnífica.[16]

---

12 Citado por Theodoro Sampaio. *Op. cit.*, p. 45.
13 Vera Lucia Amaral Ferlini. *Terra, trabalho e poder. Op. cit.,* p. 61; Stuart Schwartz. *Segredos internos. Op. cit.*, p. 342 e ss.
14 István Jancsó. *Na Bahia contra o Império. Op. cit.*, p. 57. Lindley, no início do XIX, arrolava para Salvador e seu entorno mais de cem mil habitantes, dos quais apenas trinta mil eram brancos. Thomas Lindley. *Narrativa de uma Viagem ao Brasil* (1805). São Paulo: Nacional, 1969.
15 A. Von Humboldt. *Voyage aux Régimes Equinociales du Nouveau Continent.* Paris: Librairie Grecque-latine, 1824. Citado por István Jancsó. *Na Bahia contra o Império. Op. cit.*
16 Maria Graham. *Diário de uma viagem ao Brasil.* São Paulo/Belo Horizonte: Edusp/Itatiaia, 1990, p. 164.

Grande praça mercantil, redistribuidora de mercadorias, ponto de convergência e irradiação de rotas comerciais terrestres e marítimas, a cidade abrigava um dos portos mais movimentados do Atlântico Sul, base fundamental das trocas do Império português: porto do Brasil, assinalavam os cronistas, como se outro não houvesse em toda a costa.[17]

A partir de 1763, privada de seu papel de sede da colônia, era ao comércio que se debitava o vigor da cidade e de seu porto. Mais que nunca era a cidade do açúcar, pois as últimas décadas do século haviam sido um período de crescimento, com sua produção prosperando e presidindo a longa pauta de exportações da Bahia. O tabaco e o algodão também ocupavam papéis de destaque na produção e nos negócios: tabaco, além do papel no comércio de escravos,[18] ganhava cada vez mais mercado. O algodão, por sua vez, era agora requisitado pela nascente indústria europeia.[19]

---

17 Cf. José Roberto do Amaral Lapa. *A Bahia e a carreira das Índias. Op. cit.*, p. 1, O autor ressalta que, embora alguns argumentem que a designação se tornou usual após 1621, com a criação do estado do Maranhão, documentos anteriores já assim se referiam a Salvador.

18 Sobre a relação entre tabaco e escravos, ver Pierre Verger. *Flux e Reflux de la Traite des Nègres entre le Golfe de Bénin et de Bahia de Todos os Santos du XVII au XIX siècles*. Paris: Mouton, 1968; mais recentemente Manolo Florentino. *Em costas negras*. Rio de Janeiro: Arquivo Nacional, 1995 e Luiz Filipe de Alencastro. *O trato dos viventes*. São Paulo: Companhia das Letras, 1999.

19 Cf. José Jobson de Andrade Arruda. *O Brasil no comércio colonial*. São Paulo: Ática, 1980, p. 189-92 assinala: "Este segundo lugar que a Bahia conserva no conjunto das regiões brasileiras deve ser considerado em termos relativos, por causa da importância crescente de Pernambuco. A Bahia fora a princi-

As importações eram muitas, a satisfazer as necessidades da região e das áreas com as quais Salvador mantinha comércio. Acima de tudo, importavam-se escravos, eixo dinâmico das atividades coloniais.

Acompanhando o ritmo do comércio internacional, as trocas com outras partes do Brasil e do Império seguiam vigorosas. Era notável o intercâmbio com o Rio Grande do Sul, para onde, como anota Vilhena, ia muito sal, gêneros vindos da Europa, açúcar e escravos.[20] Os negócios com Minas haviam en-

---

pal região econômica do Brasil no apogeu da economia açucareira. O ouro das Minas Gerais contribuiu para o deslocamento do centro econômico e administrativo para o Centro-Sul, diminuindo gradualmente a importância econômica da Bahia. Apesar de esse período ser extremamente favorável para todo o conjunto da economia brasileira, para a Bahia, em função da primazia que já tivera, não era tão significativo, a ponto de preocupar as autoridades, que gostariam de ver esta região tão dinâmica quanto fora outrora. Nesse momento, a economia da Bahia dependia de dois produtos fundamentais: o açúcar e o tabaco. O tabaco era muito importante no 'resgate de negros' na África. Em muitas oportunidades, como consta das próprias Balanças do Comércio, moedas eram despachadas para a África para aquisição de escravos, mas, em geral, os negros eram obtidos pelo escambo (variadas mercadorias eram utilizadas nesta prática); mas o produto principal era sem dúvida o tabaco, tanto que os holandeses muitas vezes forçavam os barcos portugueses a trocar parte da sua carga de tabaco por tecidos ou outros produtos europeus. Também era intenso o comércio com a Ásia".

20 "A Bahia mantinha intenso comércio intercolonial, abastecendo de escravos outras capitanias. Com o Rio Grande do Sul desenvolvia um ativo comércio de carne-seca, couros, sebo e farinha. O número de escravos integrados nesse comércio não era superado nem mesmo pelos barcos que faziam a ligação com Lisboa." José Jobson de Andrade Arruda. *O Brasil no comércio colonial. Op. cit.*, p. 191. Lindley faz um relato minucioso

trado em declínio, em favor do Rio de Janeiro, mas deles ainda restavam algumas ligações.[21]

Centro nervoso da produção açucareira e concentradora de grande população, Salvador e seu recôncavo demandavam gêneros, e uma ampla rede de subsistência espraiava-se na região: carne e farinha, alimentos de substância e uma infinidade de frutas e verduras, de que nos dá conta Lindley, ao descrever o mercado de Salvador:

> A população urbana oscilava com as estações. Na moagem dos engenhos, esvaziava-se: senhores, suas famílias e a escravaria doméstica iam para o campo. Entre abril e julho, abriam-se novamente as casas que os senhores, com maior ou menor fausto, mantinham na cidade e ao ritmo do açúcar; reanimava-se a cidade, agora mais cheia e alegre. As funções públicas retomavam fôlego. Sucediam-se as festas, a misturar essa população policrômica, que espelhava a complexidade social da colônia.[22]

A hierarquização social de ordens, que reproduzia no escravismo a organização da metrópole, era o código que arranjava a vida social e regia as relações cotidianas dessa sociedade que se pensava estamental, mas que era também escravista. Essa configuração social resultou de uma "coloni-

---

do comércio com o Rio Grande. *Op. cit.*, p. 171. Ver ainda Luiz dos Santos Vilhena. *Recopilação de Notícias Soteropolitanas* (1801). *Op. cit.*, p. 54-5.

21 Vilhena. *Recopilação. Op. cit.*, p. 50 e ss.
22 Theodoro Sampaio. *Op. cit.*

zação mercantil, legitimada idealmente como conquista",²³ numa representação adequada ao ideário de nobreza.

Nesse padrão, e de acordo com os moldes europeus, a sociedade distinguia duas categorias básicas de homens: os nobres e os não nobres. Na colônia, o arranjo de reprodução dos padrões inseriu uma terceira categoria, a dos escravos, espécie de cunha de castas a modificar o sentido do arranjo básico. Mais ainda, o uso de escravos para o açúcar e para o comércio dava novo sentido mercantil a essa divisão social; a possibilidade de nobilitação estava em fazer-se rico, possuir terras e ter escravos.²⁴

Dentro desse arranjo social, Katia Mattoso distinguiu quatro grupos, ordenados de acordo com seus rendimentos, prestígio social e poder. O primeiro, dos que possuíam rendimentos acima de um conto de réis, era uma elite múltipla, composta por grandes proprietários, comerciantes de grosso trato, altos funcionários, oficiais de patente elevada e membros do alto clero. No segundo grupo, estavam os que obtinham rendas entre 500 mil réis e um conto: lavradores de cana e de tabaco, funcionários de nível médio, capitães, tenentes, suboficiais, baixo clero e lojistas. Os pobres, pequenos trabalhadores, artesãos, pilotos de barcos e músicos constituíam o terceiro grupo, com rendimentos anuais inferiores a 500 mil réis. No quarto grupo, os escravos, os mendigos e os vagabundos.²⁵

---

23 István Jancsó. *Op. cit.*, p. 31.
24 Cf. Vera Lucia Amaral Ferlini. *Terra, trabalho e poder. Op. cit.*, p. 206-11.
25 Katia de Queirós Mattoso. *A cidade de Salvador e seu mercado no século XIX. Op. cit.*, p. 160-5.

Se, por um lado, os rendimentos escalonavam essa sociedade, a nobreza era, de qualquer forma, o elemento ideal de ordenação, embora travestida na forma de grande proprietário de escravos, uma vez que os títulos nobiliárquicos não eram ali atingíveis. Tal complexidade, tangível e observável pelos contemporâneos, era transmitida com perplexidade e, muitas vezes com o escândalo dos cronistas que retrataram as relações sociais em Salvador.

Ou seja, na Bahia colonial havia duas visibilidades, revelando a complexidade social: a da riqueza e a da nobreza, nem sempre harmoniosas e paralelas. Segundo Koshiba, embora os colonos buscassem por meio desses signos, a ilusão ideológica que transformava a colônia numa réplica da metrópole,[26] não dispunham de título. Eram apenas os principais da terra, aqueles de riqueza, afluência e posse de grandes cabedais, ou mais ainda, como designados a partir do XVII, a nobreza da terra – os que se haviam feito ricos pelo trato do açúcar, forumando uma açucarocracia local.[27]

Por isso, os sinais exteriores indicativos de riqueza e de graduação, as insígnias, os privilégios e obrigações eram elementos essenciais, uma necessidade para sua harmonia e para a identidade social.[28]

---

26 Luiz Koshiba. *A divina colônia. Contribuição à história social da literatura.* Dissertação de Mestrado, São Paulo: FFLCH/USP, 1981; *A honra e a cobiça.* São Paulo: FFLCH/USP, Tese de doutorado, 1988.

27 Maria José Rapassi. *Fortunas coloniais.* Tese de doutorado, São Paulo: FFLCH/USP, 1998, p. 230. Sobre o conceito de açucarocracia, ver Evaldo Cabral de Mello. *Op. cit.*, p. 151-93.

28 Vilhena observa: "entusiasmados, sem fundamentos, de que são alguma coisa neste mundo, vivendo em sua casa envolvidos em sórdida miséria,

A riqueza monetária, porém, não era a única medida do status social. Comerciantes endinheirados buscavam terras, engenhos, cargos na Câmara, comendas das ordens, o abrigo das confrarias prestigiosas e a união às famílias tradicionais.[29]

Cenário privilegiado da colônia, Salvador era, como bem descreveu Jancsó, "organismo de extrema vitalidade, buliçosa e diversificada".[30] Seu espaço era o grande palco para a reiteração das posições, dos poderes e dos privilégios; as festas, as procissões e o vestuário, eram espaços nos quais o simbolismo do aparecer expunha a identidade real ou presumida de seu portador.

Era difícil, assim, conceituar a pobreza, no espaço colonial. Não basta considerar a carência monetária e o endividamento. Ser pobre era, além de tudo, não pertencer aos principais, à nobreza da terra, não ter acesso aos seus signos materiais: roupas, postos, privilégios. A trajetória dos lavradores de cana, por exemplo, expõe essa necessidade de participar, mesmo que como sócios menores, dessa elite açucareira.[31]

Aqueles que não dispunham de privilégios, ou cargos notáveis, os que exerciam atividades mecânicas, ou perten-

---

quando saem fora se empavezam de tal forma que até lhes custa reverenciar a Deus". *Notícias. Op. cit.*, p. 44.

29 Veja-se Rae Flory. *Bahia Society in the Midle Colonial Period: The Sugar Planters, Tabacco Growers, Merchants and Artisans of Salvador and Recôncavo. 1680-1725.* Austin: University of Texas, 1978 (PhD Thesis).

30 István Jancsó. *Op. cit.*, p. 101.

31 Para uma discussão do conceito de pobreza, veja-se Laura de Mello e Souza. *Desclassificados do ouro. Op. cit.*; Francisco Carlos Teixeira da Silva. "Pobres, marginais e desviantes". *Op. cit.*; Vera Lucia Amaral Ferlini. "Os pobres do açúcar". *Op. cit.*

ciam aos segmentos inferiores das corporações militares, viviam em condições bastante simples. Pouco se diferenciavam, pelo padrão de consumo, dos escravos urbanos, que prestavam serviços domésticos ou levavam ganho para os seus senhores. Segundo Katia de Queirós Mattoso, aqueles que viviam no limiar da pobreza, constituíam o grosso da população – cerca de 70 a 90% dos moradores.[32] Sem possibilidade de acumular, apenas sobreviviam, padecendo algumas necessidades. Alguns possuíam seus próprios casebres, outros pagavam aluguéis. A posse de um ou dois escravos não era rara, principalmente entre os artesãos e mesmo entre mulheres viúvas.[33]

Com 60 mil habitantes, Salvador fervilhava. Nas ruas, sempre apinhadas, vendeiros expunham suas mercadorias, escravos carregavam fardos e caixas, artífices ofereciam seus serviçoes em pequenas bancas e trabalhavam.[34] Negras quituteiras mercadejavam em seus tabuleiros.[35] E mais, muita gente que os cronistas chamaram de "desocupados": marinheiros livres das fainas dos navios e negros de ganho ou de cadeirinhas, à espera de alguém que precisasse de seus serviços; gente que disputava nas ruas uma mínima parcela de riqueza que se produzia na região.

Além da pobreza, a cidade oferecia, em maior ou menor grau, o espetáculo da miséria. Vilhena queixava-se de se deixar encher a cidade de mendigos brancos, mulatos ou negros.

---

32 Cf. Katia de Queirós Mattoso. *Op. cit.*, p. 169.

33 *Idem*, p. 164-6.

34 Muitas dessas mulheres eram escravas de famílias ricas, segundo Vilhena. *Op. cit.*, p. 131.

35 Lindley. *Op. cit.*, p. 90.

Marinheiros doentes ficavam nos hospitais, e bêbados arrastavam-se de taberna em taberna. Mendigavam também velhas prostitutas, os cegos, os aleijados; muitos negros forros, sem ofício, sem legado, sem arrimo, velhos demais para qualquer atividade ou simplesmente gozando a liberdade, sem se vincularem ao trabalho, esmolavam para as necessidades diárias.[36] Lindley assinalava que tanto a cidade quanto o campo viviam infestados de mendigos, num quadro de miséria real ou fingida que se oferecia ao olhar a cada instante. Para ele, isso era fruto ou da carência das instituições de caridade, para socorro dos pobres, velhos ou desgraçados, ou da debilidade da polícia, que não punia devidamente os vagabundos. Vez por outra, quando mosteiros ou pessoas ricas distribuíam esmolas, não menos de quinhentos pedintes amontoavam-se às suas portas.[37]

O grosso dessa população de pobres, necessitados ou miseráveis era de negros e pardos; à época, um viajante assinalava que os poucos brancos que encontrara nas ruas de Salvador andavam bem-vestidos, à moda europeia.[38] Não se tratava, porém, de uma pobreza humilde e submissa, o que escandalizava os observado-

---

36 Vilhena observou que "Se estes são velhos, pouco ou nada podem e querem trabalhar para adquirirem, motivo porque logo se metem a pedintes, sendo por isso pesados ao Estado, se são moços querem mostrar aos que são cativos a diferença que vai da liberdade ao cativeiro [...]". *Op. cit.*, p. 135.

37 Lindley. *Op. cit.*, p. 175.

38 István Jancsó aponta um percentual de 48% de escravos em Salvador. *Op. cit.*, p. 87.

res que viam se dissolverem os padrões de submissão das ordens europeias, no trato frouxo entre senhores e homens pobres.[39]

No final do século XVIII, o comércio da Bahia emergia vigoroso. O olhar aguçado de Vilhena reconhecia que a essa prosperidade mercantil não correspondia o aspecto da cidade, construída sem cuidado, ameaçando sempre desabar. Certamente era saudoso da metrópole e tinha por modelo a Lisboa pombalina, reformada e arruada. A bela mas vulnerável acrópole derramava-se por ladeiras e vales, com suas ruas tortas e estreitas, sujas e mal-pavimentadas. O professor de grego esforçava-se por enquadrar Salvador nos moldes de outras grandes e ricas cidades, mas tudo lhe escapava: o povo, o clima, a urbanização teimosa, as construções de concepção antiga, os costumes livres.

Opulenta em seu comércio, faustosa em suas festas e cerimônias, cercada de códigos de prestígio e honra, quais eram os números dessa riqueza?

Estudando todo o universo dos inventários de Salvador, do período de 1760 a 1808, Maria José Rapassi estabeleceu faixas de cabedais que agrupam principalmente os membros da elite e, em menor número, os menos abastados. Tomou por critérios a dimensão da riqueza e os elementos de sua composição (créditos, dívidas, escravos, bens imóveis, gado, embarcações, objetos suntuários).[40] Esses inventários revelam a existência e o conteúdo de muitas fortunas individuais, mas apontam também a extrema concentração da riqueza. Em quase 50 anos, apenas

---

39 Era o caso de Vilhena, que afirmava: "Os pobres não se têm em menos conta que os brancos, sendo bastante atrevidos". *Op. cit.*, p. 46.

40 Maria José Rapassi. *Fortunas coloniais. Op. cit.*

cerca de 350 pessoas tiveram seus bens inventariados, permitindo aferir de que se compunha tal riqueza, nessa Salvador da segunda metade do século XVIII, onde se mesclavam duas formas de sociedade e de riqueza: uma cosmopolita e mercantil, que valorizava o lucro; outra, fidalga, onde imperava a busca do status, do prestígio e da honra.

Nas evidências documentais são registrados bens de produção (terras, escravos, engenhos), bens de circulação (dinheiro, mercadorias, embarcações) e bens da vida cotidiana (casa, objetos de ouro e prata, mobiliário e vestuário), mas principalmente terras, base fundamental dessas fortunas. Trata-se de terra produtiva, sem dúvida, onde já se cristalizara o trabalho de levas sucessivas de escravos e que, para ser mantida, exigia, mais e mais, a presença de considerável escravaria.[41]

Os mais nobres possuíam engenhos, outros detinham lavouras de cana, fazendas de gado, grandes ou pequenas roças de

---

41 No inventário de Antonio de Rocha Pita, constam oito propriedades de terras, três engenhos no Recôncavo baiano, cinco fazendas de gado no sertão de Parnaíba, capitania do Piauí. O valor total das 6 propriedades avaliadas era de 57:850$000 contos de réis. Desse total, somente 1:600$000 contos de réis correspondiam aos valores das duas fazendas de gado, medindo cada uma três léguas de rido e uma de largo – portanto, duas grandes propriedades rurais. O outro caso é o de Manuel Pereira de Andrade: era proprietário de dois engenhos e de uma fazenda no Recôncavo; essas três propriedades foram avaliadas em 40:260$000. Maria José Rapassi. *Op. cit.*, p. 173.

mantimentos. As propriedades rurais foram uma constante na composição das fortunas dos soteropolitanos ricos.[42]

O comércio, por sua vez, era função essencial da cidade e também constituía fonte de fortuna. De 322 inventariados entre 1760 e 1808, 100 exerciam atividades ligadas diretamente ao comércio.[43] Tal era o volume das trocas que Lindley arriscara dizer que Salvador podia chegar a se transformar no centro abastecedor e comercial do mundo.[44] Eram múltiplas as atividades mercantis: comerciantes atuantes no tráfico negreiro, proprietários de armazéns, trapiches ou grandes embarcações, outros ligados ao comércio local e regional, com suas lojas abertas. O mercado externo era o grande promotor das riquezas mercantis, tendo por incumbência colocar no circuito mundial a produção local e trazer para a colônia os importados; promovia a conexão vital dessa economia, mas avultava o comércio com outras capitanias.

Navios, trapiches, armazéns, lojas, mercadorias, terras, escravos e casas significavam riqueza material, mas só adquiriam seu sentido social completo quando usufruídas dentro dos signos de prestígio e status que diferenciavam publicamente as pessoas e que marcavam o viver honradamente na colônia. E se bens mobiliários, prataria, vestuário, joias e adereços constituíam o

---

42 Maria José Rapassi verificou que as propriedades rurais constituíam a parcela dominante dos bens inventariados. *Op. cit.*, p. 111-201.

43 Os homens mais ricos, inventariados no período de 1760-181, 10 eram comerciantes, sendo quatro dos seis maiores montemores de comerciantes; desses quatro, três eram também proprietários de engenho. Maria José Rapassi. *Op. cit.*, p. 136 e Tabela 1, Anexo 1.

44 Lindley. *Op. cit.*, p. 170.

conteúdo material das fortunas, tinham um significado mais profundo, nessa sociedade, como símbolos da vida aristocrática dos grandes da terra.[45]

Vilhena, defensor da boa ordem do Antigo Regime, cobrava das construções de Salvador a opulência que a riqueza exigia. As casas nobres coloniais não eram grandiosas nem suntuosas, não tinham as dimensões e o conforto de palácios, mas deviam representar, minimamente, a posição social de seus proprietários.[46] Os sobrados dos homens ricos, arrolados nos inventários, eram providos de móveis de madeira de lei, torneados, com variedade de funções, o que não era comum nos bens dos menos abastados.[47] Em 1817, Tollenare observava,

---

45 Maria José Rapassi conclui: "Ser rico na Bahia colonial era estar inserido na parte mais dinâmica da economia do império português, fazer parte do jogo comercial, navegar em grandes embarcações cortando oceanos, contatar, ir e vir, transacionar com áreas longínquas [...] Mas era também ter o pé plantado na terra, possuída em abundância, para grandes explorações agrícolas, imensas criações de gado, era produzir muito açúcar, ter grossas fazendas, e tudo tocado e sustentado pelo suor de numerosos escravos. Mas não apenas ter uma dessas atividades, ter muitas delas simultaneamente. [...] Enfim, ser rico ou ter um alto padrão de riqueza não era só ter coisas; ter grande quantidade de bens, visando lucro e acumular, mas também viver honradamente de acordo com os valores fidalgos da sociedade colonial da Bahia". *Op. cit.*, p. 252-3.

46 Vilhena. *Op. cit.*, p. 35.

47 Maria José Rapassi cita a casa nobre de sobrados de Sebastião Gago da Camera, com montemor de 63:158$000, de quem foram inventariados os seguintes móveis: quatro arcas de moscóvia de duas fechaduras ainda em bom uso, 24$000; três ditas mais pequenas de uma fechadura, e da mesma moscóvia, 9$000; dois leitos de jacarandá irmanados em bom uso

porém, que mesmo nessas casas, o mobiliário resumia-se a poucas peças com "decorações mesquinhas" e muitas vezes cópias do estilo francês, já fora de moda, canapés e cadeiras de rotim ornamentadas com "alguns dourados no gênero que reinava na França há trinta ou quarenta anos".[48]

Para Lindley, havia riqueza e conforto no pequeno número de "grandes e elegantes mansões", "mobiliadas adequadamente" e outras "espaçosas e cômodas" casas;[49] para Tollenare, ao contrário, não passavam de casas de morada apenas decentes e cômodas, com aposentos vastos e elevados, seguindo as exigências do clima, para facilitar a circulação do ar.[50] Embora muitas residências ficassem no centro, como as dos comerciantes da praia, com seus sobrados e moradas de quatro andares, muitas casas mais nobres, já ao final do século XVIII, afastavam-

---

torneados, 16$000; quatro leitos de jacarandá com seus pés-de-burro lisos, em bom uso, 25$600; oito tamboretes de palhinha, já velhos, 3$360; um bofete de jacarandá, pés torneados e redondo, em bom uso, 4$800; outro dito bofetinho de jacarandá de três palmos de comprido já velho, 1$200; duas bancas de madeira lisas com pés-de-burro e de quatro palmos e meio cada uma, 1$920; um banco grande de vinhático novo com sete palmos de comprido e três de largo, 1$600; uma caixa de vinhático de cinco palmos com sua fechadura em bom uso, 1$600; um banco ou preguiceiro de vinhático com sete palmos de comprido e três de largo, 2$000; um tabuleiro de vinhático com molduras de jacarandá e seu jogo de "tabulías" das Índias de marfim, 4$000. *Op. cit.*, p. 167.

48 Tollenare. *Op. cit.*, p. 269.
49 Lindley. *Op. cit.*, p. 164.
50 Tollenare. *Op. cit.*, p. 268.

se da área central; algumas eram quase chácaras, com jardins à europeia, como nos descrevem os cronistas.[51]

Objetos de prata estavam presentes em quase todos os inventários. Era uma riqueza concreta, mas, ao mesmo tempo, símbolo de valores fidalgos da sociedade; já no século XVI, Gabriel Soares de Sousa falava disso, quando, em seu relato, buscava reforçar a prosperidade de Salvador.[52]

Mais importante do que a riqueza era sua ostentação: em público, nas ruas e igrejas, trajes e adereços diferenciavam e ordenavam as pessoas.[53] Gorgurão, veludo e seda, tecidos das vestes ricas, constam nos inventários dos mais ricos em maior quantidade, mas estão presentes nos bens dos que, embora com menor posses, faziam parte da elite. O vestuário e as joias constituíam signos de riqueza e honra. Ainda no primeiro século da colonização, o cronista anotava, indicando a possibilidade de viver honradamente na colônia e ascender a uma posição elevada na hierarquia da sociedade colonial.

---

51 Lindley nos conta do jardim de uma dessas casas: "arranjado e decorado de maneira frívola, no velho estilo francês; consiste em pequenos canteiros de flores, dispostos de várias formas e guardados por inúmeras e pesadas divindades e estátuas, que ora assinalam cada ângulo das alamedas, e ora são embutidas nas paredes da entrada, no terraço da casa etc. Há uma pequena fonte no centro de um jardim interno; e, mais além, uma gruta, lastimavelmente arranjada com reles conchas". *Op. cit.*, p. 105.

52 Gabriel Soares de Sousa. *Op. cit.*, p. 139-40.

53 Comparando a vida de senhores de engenho e lavradores de Pernambuco, Tollenare observou que estes, embora vivessem em moradias muito simples, quando saíam para as festas urbanas vestiam-se como homem da cidade, montavam bons cavalos e usavam esporas de prata. *Op. cit.*, p. 75.

> Na cidade de Salvador e seu termo há muitos moradores ricos de fazendas de raiz, peças de prata e ouro, jaezes de cavalos e alfaias de casa, entanto que há homens que têm três mil cruzados em joias de ouro e prata lavrada [...] os quais tratam suas pessoas mui honradamente [...] com vestidos demasiados, especialmente as mulheres, porque não vestem senão sedas, por a terra não ser fria, no que fazem grandes despesas, mormente entre a gente de menor condição.[54]

Já no início da colonização, o Padre Fernão Cardim ressaltava ser possível, na nova terra, usar roupas ricas e "honradas", como as de Portugal e de Madri.[55]

O traje era, tanto na colônia como na metrópole, forma de exibir riqueza e status. Vilhena anotava sobre as mulheres: "Quando saem às suas visitas de cerimônia, é em sumo grau asseadas, sem que duvidem gastar com um vestir quatrocentos mil réis, e mais, para aparecerem em só função". Nessas ocasiões, abusavam dos tecidos brilhantes, dos enfeites e da pompa, fazendo-se acompanhar de "suas mulatas, e pretas vestidas com ricas saias de cetim, becas de lamiste finíssimo, e camisas de cambraia, ou cassa, bordadas de forma tal, que vale o valor três, ou quatro vezes mais

---

54 Gabriel Soares de Sousa. *Op. cit.*, p. 139.

55 "E nesta parte padecem muito os da terra, principalmente do Rio de Janeiro até São Vicente por falta de navios que tragam mercadorias e panos; porém as mais capitanias são servidas de todo gênero, de panos e sedas, e andam os homens bem vestidos, e ragião muitas sedas e veludos". Fernão Cardim. *Op. cit.*, p. 66. Nos *Diálogos*, encontramos: "E eu já vi afirmar na côrte de Madri que não se traja melhor nela do que se trajam no Brasil os senhores de engenho, suas mulheres e suas filhas e outros homens afazendados e mercadores." *Op. cit.*, p. 90.

que a peça". O ouro das joias fivelas que cada escrava portava era tanto que bastaria "para comprar duas, ou três negras, ou mulatas como a que o leva, e tal conheço eu que nenhuma dúvida se lhe oferece em sair com quinze, ou vinte, assim ornadas".[56] Lindley, particularmente, espantou-se com a profusão de joias usadas pelas mulheres "de todas as categorias, até as negras", notando que os ornamentos das mulheres ricas e pobres se diferenciavam pelos "lavores" e pelo peso das joias de ouro.[57]

No final do século XVIII, o professor de grego referia serem os trajes masculinos semelhantes aos europeus, "acompanhando o figurino inglês, exceto quando fazem visitas ou saem nos feriados, ocasiões em que exibem excesso de bordados, lantejoulos nos coletes, e rendas na roupa de baixo".[58] Já as mulheres, para as missas, trajavam "uma negra mantilha de seda" na cabeça.

Convidado, em sua visita a Salvador, para um baile oferecido ao conde de Arcos, Tollenare admirou-se com os trajes de algumas senhoras. Destacou vestidos e objetos franceses da moda e joias de diamantes do Brasil, anotando que não faltavam "gosto nem mesmo certas graças [...] e os objetos da moda e as *toilettes* eram todas muito elegantes e bem trabalhadas". Para ele, mesmo a festa tinha lá sua elegância e podia ser comparada com as festas das cidades provinciais da França: "tão bela e organizada quanto estas, somente menos diamantes e menos vestidos guarnecidos de prata e ouro".[59]

---

56 Vilhena. *Op. cit.*, p. 46-8.
57 Lindley. *Op. cit.*, p. 62.
58 Lindley. *Op. cit.*, p. 177.
59 Tollenare. *Op. cit.*, p. 230-2.

Cidade do açúcar e seu comércio, repleta de mercadores e senhores, Salvador crescera como esteio da dominação portuguesa. Sede do governo até 1763, era a partir dela que se havia ordenado a colonização. Era onde se exibiam as fortunas do açúcar, espaço de confronto entre o poder local e os representantes metropolitanos; sede do Tribunal de Relação, com seus magistrados vindos de Lisboa. Nas cidades, o poder real estava presente.

Multifacetada, exuberante, desconcertante ao olhar esquadrinhador de seus críticos, a opulenta e próspera Salvador revelava-se aos visitantes, expondo sem pudor a contrapartida essencial de sua riqueza: a multidão de pobres, seus milhares de escravos, as levas de miseráveis e desvalidos gerados pelo açúcar.

DO VERDE DAS MATAS
AO VERDE DOS CANAVIAIS

Os descobrimentos ocorreram num momento em que se buscavam novas frentes para a expansão mercantil, cerceada pelo esgotamento material das possibilidades intra-europeias. Eles abriram ao Velho Mundo a visão de uma América intocada, de natureza preservada, fazendo multiplicar os relatos edênicos sobre o Novo Mundo: abundância de águas, verdor das matas, salubridade do clima e dos ares, propiciadores de longas vidas. Era o mito da natureza dadivosa, em que a sobrevivência se fazia possível sem o duro labor dos homens. Embora essa *ilusão original* tenha sido comum aos descobridores ibéricos, os portugueses, em particular, descreveram suas terras com mais realismo e plausibilidade que os espanhóis.[1]

---

1   Cf. Sérgio Buarque de Holanda. *Visão do paraíso*, 2ª ed. revista e ampliada. São Paulo: Nacional/Edusp, 1969, p. XII. O capítulo VI desse ("Atenuações plausíveis") trata especificamente dessa visão mais realista dos portugueses, principalmente a dos cronistas quinhentistas, como manifestação de arcaísmo cultural, pouco afeito às especulações e imaginações desinteressadas do humanismo renascentista.

Preservando certo encantamento ante o espetáculo de um mundo quase intocado pelo homem, ao comedimento do relato se sobrepôs o interesse pragmático do colonizador português pela terra. Já no primeiro informe oficial, a Carta de Pero Vaz de Caminha, lemos:

> Porém a terra em si é de muito bons ares, assim frios e temperados como os de Entre-Doiro e Minho, porque neste tempo de agora os achávamos como os de lá. Águas são muitas; infindas. E em tal maneira é graciosa que querendo-a aproveitar, dar-se-á nela tudo, por bem das águas que tem.²

O próprio nome pelo qual a primitiva Santa Cruz passou a ser chamada – Terra do Brasil – aponta para essa visão utilitária da natureza, típica de um Portugal preocupado, nos primeiros decênios do século XVI, em retirar daquela "terra com arvoredos" apenas o pau-tinta.³

A partir de 1530, com a urgência da ocupação efetiva ante a ameaça de perda do território brasileiro, o governo português ordenou a organização da expedição de Martim Afonso, para viabilizar o estabelecimento de núcleos rentáveis. Adotado o sistema de capitanias hereditárias, a Coroa dedicou-se a legislar sobre os recursos naturais, como já se lê na Carta de Foral de Duarte Coelho: as terras seriam dadas em sesmaria para o aproveitamento agrícola; a exploração do

---

2 *A Carta de Pero Vaz de Caminha. Op. cit.*, p. 256.

3 Descrevendo a terra descoberta, observava Caminha: "[...] é a terra por cima toda chã e muito cheia de grandes arvoredos". *Op. cit.*, p. 256.

pau-brasil ficava praticamente proibida aos colonos, reservada como estanco real; os metais e pedras preciosas, caso encontrados, sujeitavam-se ao quinto, bem como todo o pescado à dízima e à vintena.[4] Além de berço para a produção e exploração mercantil, a natureza da nova terra era fonte de rendas para a Coroa e alvo da tributação.

Essa diretriz foi reforçada com a criação do governo geral em 1548. No Regimento de Tomé de Sousa, estabelecia-se que águas e terras deveriam ser repartidas para a produção de açúcar, exigindo-se seu aproveitamento no prazo de três anos.[5]

A preocupação em atrair povoadores e efetivar a ocupação é explícita na descrição que, por volta de 1570, Pero de Magalhães Gandavo fez da Terra do Brasil:

> Minha tenção não foi outra neste sumário (discreto e curioso leitor) senão denunciar em breves palavras a fertilidade e abundância da terra do Brasil, para que esta fama venha à notícia de

---

4 "Carta de Foral de 24 de setembro de 1534 da Capitania de Pernambuco". In: Instituto do Açúcar e do Álcool. *Documentos para a história do açúcar. Legislação* (1534-1596). Rio de Janeiro: Serviço Especial de Documentação Histórica, 1954, p. 19-24.

5 "As águas das ribeiras que estiverem dentro do dito termo em que houver disposição para se poderem fazem engenhos d'açúcares [...] dareis livremente de sesmaria [...] Além da terra que a cada engenho haveis de dar para serviço e maneio dele, lhe limitareis a terra que vos bem parecer e o senhoria dela será obrigado de no dito engenho lavrar aos lavradores as canas que no dito limite houverem [...]". Regimento de 17 de dezembro de 1548 do Governador-Geral do Brasil. *Documentos para a história do açúcar. Op. cit.*, p. 50.

> muitas pessoas que nestes reinos vivem com pobreza e não duvidem escolhê-la para seu remédio [...]⁶

Em 1587, Gabriel Soares de Sousa buscou sensibilizar a administração da União Ibérica com relação à necessidade e às vantagens de promover a colonização do Brasil. Para isso, escreveu um *Tratado Descritivo*, cujo proêmio ressaltava sua pretensão de

> manifestar a grandeza, fertilidade e outras grandes partes que tem a Bahia de Todos os Santos e demais estados do Brasil [...] cuja terra é quase toda muito fértil, sadia e fresca e lavada de bons ares e regada de frescas e frias águas.⁷

Segundo Sérgio Buarque de Holanda, apenas a partir do século XVII esse realismo puramente utilitarista foi abandonado por alguns cronistas, que, dando asas à imaginação, exploraram a visão edênica do Brasil.⁸ Foi o caso, principalmente, do padre Simão de Vasconcelos, que nas "Notícias antecedentes, curiosas e necessárias das cousas do Brasil" afirmava:

> Por conclusão deste livro e descrição do Brasil em que temos descrito a qualidade da terra, o temperamento do clima, a frescura dos arvoredos, a variedade das plantas, a abundância dos frutos, as ervas medicinais, a diversidade dos viventes, assim nas águas como na terra, e aves tão peregrinas, e mais prodígios da

---

6 Pero de Magalhães Gandavo. *Tratado da Terra do Brasil* (1570). Belo Horizonte/São Paulo: Itatiaia/Edusp, 1980, p. 22.

7 Gabriel Soares de Sousa. *Tratado Descritivo do Brasil. Op. cit.*, p. 39.

8 Sérgio Buarque de Holanda. *Op. cit.*, p. 131.

> natureza, com que o Autor dela enriqueceu este novo mundo: poderíamos fazer comparação ou semelhança de alguma parte sua com aquele Paraíso da Terra, em que Deus Nosso Senhor, como em jardim pôs o nosso primeiro pai Adão, conforme outros diligentes autores, Horta, Argençola, Ludovico Romano e o nosso Padre Eusébio Nieremberger...[9]

Na prática, todavia, nem a visão edênica, nem o realismo utilitarista de louvor à natureza contribuíram para preservar nosso clima "temperado de bons, delicados e salutíferos ares" ou a terra "cheia de grandes arvoredos que todo o ano são verdes", como destacara Fernão Cardim.[10] A função básica da colônia – fornecer mercadorias altamente rentáveis no comércio europeu – predominou; por isso as necessidades do açúcar é que determinaram a descrição, a utilização e a devastação do meio ambiente da costa nordestina Derrubaram-se as matas, drenando-se as várzeas, e expandiu-se um novo verde: o dos canaviais.[11]

> São tão grandes as riquezas deste novo mundo e da mesma maneira sua fertilidade e abundância [...] De todas estas coisas o principal nervo e substância da riqueza da terra é a lavoura de açúcares [...] Pois o Brasil, e não todo ele, senão três capitanias, que são a de Pernambuco e a de Tamaracá e a da Paraíba, que ocupam, pouco mais ou menos, no que delas está povoado, cinquenta ou sessenta

---

9 Padre Simão de Vasconcelos. *Chronica da Companhia de Jesus do Estado do Brasil*. 2ª ed. Lisboa, A. J. Fernandes Lopes, 1845, p. CXLVI, § 3.

10 Padre Fernão Cardim. *Tratados da Terra e Gente do Brasil. Op. cit.*, p. 25.

11 Veja-se Manuel Correia de Andrade. *A terra e o homem no Nordeste*. 3ª ed. São Paulo: Brasiliense, 1973, p. 23-32.

léguas de costa, as quais habitam seus moradores, com que não se alargarem para o sertão dez léguas, e somente neste espaço de terra, sem adjutório de nação estrangeira, nem de outra parte, lavram e tiram os portugueses das entranhas dela, à custa de seu trabalho e indústria, tanto açúcar que basta carregar todos os anos cento e trinta ou cento e quarenta naus...[12]

Da cobertura vegetal da costa nordestina, de que falavam os cronistas, pouco resta, mas sua extensão original pode ser avaliada pela evolução da distribuição dos canaviais e das fábricas de açúcar. Justamente onde a floresta era majestosa, indicadora de solo de boa composição, alastraram-se as plantações, ocupando "a terra fofa e negra roubada à mata densa" – o massapé, solo ideal para a gramínea asiática.[13]

No entanto, essa terra fértil não era motivo de grandes cuidados. Escolhido o local para a plantação, punha-se fogo na mata e derrubavam-se as árvores, "tirando-lhe tudo o que podia servir de embaraço", como ensinava Antonil.[14] Após o plantio, o cultivo e corte, permaneciam no solo as socas das canas, os tocos próximos às raízes, para o replantio. Para que as socas fossem aproveitadas, era preciso, porém, que o corte se desse no princípio das chuvas, facilitando seu desenvolvimento. Contudo, essa prática não podia ser indefinidamente

---

12 *Diálogos das Grandezas do Brasil. Op. cit.*, 1966, p. 73 e 77.

13 Affonso Várzea. *Geografia do açúcar no Leste do Brasil.* Rio de Janeiro: 1943. Sobre a origem do termo "massapé" ver Antonil. *Cultura e opulência do Brasil por suas drogas e minas* (1711). Paris: IHEAL, 1965, p. 148, nota 1.

14 Antonil. *Cultura e opulência do Brasil por suas drogas e minas.* (1711). *Op. cit.*, p. 152.

reproduzida: segundo Antonil, após seis ou sete anos as socas perdiam seu vigor, devido ao cansaço da terra. E advertia: "[...] por isso não se há de pretender da terra, nem da soca, mais do que se pode dar".[15] Para Vilhena, havia

> precisão de replantar as canas depois de dois ou três cortes, naquelas terras que são fracas e de pouco fundo, quando em bons terrenos de massapé legítimos, elas muitas vezes subsistem vinte e mais anos, havendo soca velha que algumas vezes brota quinze rebentos.[16]

A cana não devorou apenas as matas densas e as terras férteis. Necessitando de lenha para as fornalhas dos engenhos, avançou sobre as matas ralas e os solos mais pobres. Mesmo Antonil, frente à imensa necessidade de lenhas para os engenhos, chamou as fornalhas de "bocas verdadeiramente tragadoras de matos", dado que o meneio da produção exigia incessante provimento de madeira. O valor das terras de um engenho não dependia apenas da qualidade dos solos dos canaviais ou da proximidade dos rios, mas também da existência de matas; a venda de terras por preços baixos dava-se, muitas vezes, em função da falta de lenhas.[17]

A destruição da mata atlântica provocou, em 1660, uma primeira representação da Câmara de Salvador ao rei sobre o prejuízo causado pela proliferação de engenhos no Recôncavo. A reclamação era de que não havia lenhas suficientes para o

---

15 *Idem*, p. 156.

16 Luiz dos Santos Vilhena. *Recopilação de notícias soterolopolitanas e brasílicas* (1802). Bahia: Imprensa Oficial do Estado, 1921, livro I, p. 180.

17 Antonil. *Op. cit,* p. 196 e 92.

consumo; argumentava-se que, cortadas as árvores, era preciso esperar 20 anos para que outras crescessem.[18] Essas reclamações continuaram até 1681, quando o Rei proibiu que os de engenhos fossem erguidos com distância menor de meia légua entre si.[19] Mesmo assim, a crise de lenhas continuou e, em 1804, registrava-se que

> nesta capitania já não há aquela abundância de madeiras que havia noutros tempos; porque as infinitas derrubadas que no espaço de tantos anos se têm feito por causa das plantações e para as embarcações da Coroa e dos particulares, são causa de estarem destruídas as matas, de sorte que já não se encontram paus de construção em todo o recôncavo, em menos distância de quatro léguas dos rios navegáveis [...].[20]

Qual era o gasto de lenha para as fornalhas? Vilhena calculava que num engenho com capacidade de moagem de 12 a 16 carros de canas, em 24 horas era necessária a mesma quantidade de carros de lenhas, se se tomasse a precaução de "usar aquelas fornalhas de crivo em que o fogo dista só cinco palmos do fundo das tachas". Entretanto, se conservadas "as

---

18 Citado por Wanderley Pinho. *História de um engenho do Recôncavo*. 2ª ed. São Paulo/Brasília: Nacional/INL, 1982, p. 218.

19 Arquivo Público do Estado da Bahia (APB), Seção Histórica (SH). Provisões Reais, maço 260. Já em 1677, no Regimento que trouxe o governador Roque da Costa Barreto, constavam recomendações para o estudo de providências para evitar a devastação das matas que serviam aos engenhos (APB, SH, Registros, maço 259).

20 APB, SH, maços 263-2, *Cartas Régias*, 1804, doc. 51.

fornalhas antigas no chão, com distância de dez palmos de alto", um engenho com a mesma capacidade necessitaria de, no mínimo, um carro de lenha por hora.[21]

Se as fornalhas dos engenhos eram as grandes "tragadoras de matos", por que não se substituiu a lenha pelo bagaço na produção? Vilhena arguia-se a esse respeito, ponderando que "se poderia bem aproveitar o bagaço, à imitação dos colonos das outras nações nossos vizinhos, que com tanta utilidade e bem regulada economia se servem dele". Atribuía nosso atraso em adotar tal prática "à incúria dos colonos do Brasil, que nem a emulação, nem o espírito de economia os tem estimulado a enviar aqueles estabelecimentos, debaixo de pretextos diversos [...]"[22]

Houve tentativas para diminuir os gastos de lenha. Em 1812, o jornal *Idade de Ouro no Brasil* divulgou as tentativas de Manuel Jacinto de Sampaio e Melo no sentido de melhorar o rendimento das fornalhas alimentadas a bagaço, tentativas necessárias porque

> a quantidade de lenha de que abunda este país tem sido causa para que os habitantes não estudem o mérito de as economizar, mas agora que as matas se vão alongando dos engenhos, à medida dos roçados, é preciso estudar este ramo da física que nos países do norte tem feito grandes progressos mesmo nos fogos de cozinha.[23]

---

21 Luiz dos Santos Vilhena. *Op. cit.*, p. 184.
22 *Idem*, p. 197.
23 Citado por Wanderley Pinho. *Op. cit.*, p. 239.

Foi apenas lentamente que o bagaço passou a ser utilizado como combustível. Sampaio e seus inventos foram ironizados pelos senhores da época, pois as inovações propostas não rendiam imediatamente bons resultados, preferindo-se manter os velhos procedimentos.

Em 1834, Miguel Calmon, no *Ensaio sobre o fabrico do açúcar*, assinalava que as mudanças necessárias para a introdução das fornalhas de bagaço haviam implicado em grandes despesas, mas que "propriedades que ou não trabalhavam já ou pouco davam por falta de lenhas tornaram-se a pôr em atividade, e novos engenhos alevantaram-se em terras excelentes, mas desaproveitadas até então por aquela falta".[24]

Somente com a constatação concreta da necessidade de buscar alternativas para manter a produção é que surgem as primeiras preocupações com relação à natureza e à necessidade de preservar as matas e cuidar da terra. Apenas preocupações, como as que faziam, em 1804, Vilhena refletir sobre a incúria e desmazelo dos donos de lavouras. Os canaviais continuaram a se expandir e o trato da terra seria, em nossos dias, campo de investimento para a grande indústria química; por quase dois séculos, ficaram esquecidas as ponderações do autor de *Notícias soteropolitanas*:

> [...] estão suas terras muito cansadas [...] por negligência de seus donos, que não sabem, nem querem saber beneficiá-las, de forma que aquela mesma terra que há 90 anos dava açúcar ao avô hoje está dando ao neto; àquele muito e a este pouco [...] quando por dois

---

24 *Idem*, p. 241.

meios as podiam conservar sempre fecundíssima; a primeira trazendo as folhas como usamos em Alentejo, mudando as que por muitos anos têm dado frutos, para pastagens; e rompendo aquelas que do seu princípio têm servido sempre de pastagens, não só descansadas, mas estrumadas [...] Pelo segundo modo podiam bem evitar esses inconvenientes se agriculturassem como no Minho, estrumando as terras, para o que lhes sobejam estrumes nas bagaceiras dos engenhos, a que lançam fogo todos os anos, tendo-o ali em extremo curtido, e em quantidade que podem bem carregar navios; nada disto se faz, por incúria e por falta de governo econômico.[25]

---

25 Luiz dos Santos Vilhena. *Op. cit.*, p. 174.

FESTAS, FOLGUEDOS E FERIADOS

Num sentido profundo, as festas ligam-se ao universo da economia. Tendo suas origens nos ritos que buscavam interferir nos ciclos naturais para o provimento da subsistência, eram momentos de agradecimento ou de súplicas à natureza, elos de ligação entre o imponderável, visto como divino, sagrado e o homem impotente. O vínculo com a economia, porém, é ainda mais profundo que o dos ritos propiciadores de chuvas, fertilidade, boas colheitas, celebradores da germinação, do sol, do calor. A necessidade de sobrevivência, de melhor domínio dos recursos naturais, levou os seres humanos à vida em grupo. Esta, se bem geradora de melhores condições, implica em renúncias, em tensões, competições e conflitos. As festas, neste caso, constituem importante espaço de sociabilidade, com suas alegorias, representações e elaborações dos conflitos, uma espécie de válvula de escape, que torna possível a vida comunitária. Por meio da fantasia, da criação/ recriação livre, as revanches são retrabalhadas em espaço lúdico, as frustrações e reivindicações são expressas. É o momento de desarranjo/ rearranjo que equilibra a sociedade e torna possível sua manutenção e reprodução.

A periodicidade da economia agrária, ligada aos ciclos da natureza, estabeleceu em todas as culturas, um calendário de festividades, em que a comunidade se congregava para celebrar, agradecer ou pedir proteção. Essas formas de culto a divindades protetoras da natureza estão na origem das festas portuguesas, transplantadas mais tarde para a colônia. O combate à religiosidade popular que marca a Igreja da Contra-Reforma buscou suprimir e sincretizar os cultos agrários pagãos, dando-lhe roupagens cristãs.[1]

No mundo colonial, porém, as festas adquirem sentido mais amplo e mesmo inovador. Em primeiro lugar, para que a exploração/produção de riquezas se concretizasse, uma ampla teia de mediações fazia-se necessária. Era preciso a reiteração dos padrões de dominação, dos vínculos de solidariedade a unir a população para cá transplantada, baseados no poder da Coroa e da Igreja.[2] As festas permitiam o encontro, a

---

1 Sobre o tema, consulte-se: Peter Burke. *Cultura Popular na Idade Moderna.* Trad. port. São Paulo: Companhia das Letras, 1989; Roger Chartier. *A História Cultural Entre Práticas e Representações.* Trad. port. Lisboa: Difel, 1990; Robert Muchembled. *Culture Populaire et Culture des Élites duns la France Moderne* (xve -xvIIIe siècle). Essai. Paris: Flammarion, 1978; Roy Strong. *Les fêtes de la Renaissance* (1450-1650). *Art et Pouvoir.* Paris: Solin, 1990; Keith Thomas. *Religion and the Decline of Magic.* London: Penguin Books, 1976; André Varagnac. *Civilisation Traditionnelle et Genres de Vie.* Paris, 1948.

2 Sobre o sentido das festas nas colônias, veja-se Iris Kantor. "Festas Públicas e o Ultramar". In: *Pacto Festivo em Minas Colonial.* São Paulo: FFLCH,

visibilidade, a coesão dentro de comemorações que recriavam os padrões metropolitanos, dando a identidade desejada, trazendo o descanso, os prazeres e a alegria e introjetando valores e normas da vida em grupo, partilhando sentimentos coletivos e conhecimentos comunitários.[3]

Visitando a área dos engenhos nordestinos, Rugendas assinalou:

> A monotonia dessa existência só é interrompida, de quando em quando, pelas festividades religiosas; a importância destas aumenta ainda pelo fato de se tornarem uma oportunidade para a reunião de todos os colonos da região; eles surgem a fim de terminar seus negócios ou iniciar outros. Não há nada mais animado do que um domingo numa aldeia ou vila, que possua uma imagem venerada de santo. As famílias dos colonos chegam de todos os lados. Os homens vêm a cavalo, as senhoras igualmente, ou em liteira conduzidas por bestas ou escravos. As grandes festas da Igreja são celebradas com muito aparato: há fogos de artifício, danças e espetáculos, que lembram as primitivas representações mímicas e nos quais as chalaças grosseiras dos atores satisfazem plenamente os espectadores. Nessas ocasiões, não se economizam as bebidas alcoólicas; entretanto, se os assistentes nem sempre se mantêm dentro dos limites da temperança, os excessos e violên-

---

1996, (Dissertação de Mestrado). Sobre a relação entre reprodução cultural e exploração econômica, veja-se Florestan Fernandes. "A sociedade escravista no Brasil". In: *Circuito Fechado. Op. cit.*

3 Cf. Mary Del Priore. *Festas e Utopias no Brasil Colonial.* São Paulo: Brasiliense, 1994.

cias, que acontecimentos idênticos provocam na maioria das nações europeias, são aqui infinitamente mais raros.[4]

Assim, principalmente as festas de Natal e da Páscoa constituíam momentos de congraçamento das populações rurais e urbanas nos engenhos, quando se organizavam grandes comemorações, com muitos convidados, que permaneciam, por vários dias nas propriedades. Desse período, dá-nos conta Debret, que observava:

> Tendo o cuidado de convidar poetas sempre dispostos a improvisar lindas quadrinhas e músicos encarregados de deleitar as senhoras com suas modinhazinhas. Os donos da casa também escolhem, por sua vez, alguns amigos distintos, conselheiros acatados do proprietário na exploração da fazenda que visitam demoradamente com ele, ao passo que, ao contrário, os jovens convidados, ágeis e turbulentos, entregam-se a essa louca alegria sempre tolerada no interior. Aí todos os dias começam, para os homens, com uma caçada, uma pescaria ou um passeio a cavalo; as mulheres ocupam-se de sua toilette para o almoço das dez horas. À uma hora todos se reúnem e se põem à mesa; depois de saborear, durante quatro a cinco horas, com vinhos do Porto, Madeira ou Tenerife, as diferentes espécies de aves, caça, peixes e répteis da região, passam aos vinhos mais finos da Europa. Então o champanha estimula o poeta, anima o músico, e os prazeres da mesa confundem-se com os do espírito, através do perfume

---

4 João Maurício Rugendas. *Viagem Pitoresca através do Brasil* (1835). Trad. port. 7ª ed. São Paulo/Belo Horizonte: Edusp/ Itatiaia, 1976, p. 117.

do café e dos licores. A reunião prossegue em torno das mesas de jogo; à meia-noite serve-se o chá, depois do qual cada um se retira para o seu aposento, onde não é raro deparar com móveis, perfeitamente conservados, de fins do século de Luís XIV. No dia seguinte, para variar, vai-se visitar um amigo numa propriedade mais afastada; tais cortesias aumentam ainda os prazeres dessa semana que sempre parece curta demais. Alguns amigos íntimos, que dispõem de seu tempo, ficam com a dona da casa, cuja estada se prolonga durante mais de seis semanas ainda, em geral, depois do que todos tornam a encontrar-se na cidade.[5]

Na América Portuguesa, os engenhos, eixos da produção açucareira, constituíam microcosmos, verdadeiras agências de colonização, no dizer de Oliveira França, condensando populações e articulando, à moda de cidade, funções econômicas, militares, religiosas e administrativas.[6] Cada engenho possuía uma capela dedicada a um santo, patrono da propriedade. Ao redor dos engenhos, pouco a pouco, estabeleciam-se ainda freguesias, com suas paróquias, centralizando e supervisionando as atividades religiosas e constituindo-se em arraiais. As festas religiosas abriam espaço para demonstrações do poder e da autoridade desses senhores e, no século XIX, quando da conclusão das obras de reparo da matriz de Nossa Senhora da Piedade de Matoim, situada em terras do Engenho Freguesia, pertencente

---

5 Jean Baptiste Debret. *Viagem Pitoresca e Histórica ao Brasil* (1834-39). Trad. port. 6ª ed. São Paulo/Belo Horizonte: Edusp/ Itatiaia, 1975, t. II, p. 145.

6 Eduardo d'Oliveira França. "Engenhos, Colonização e Cristãos Novos na Bahia". *Anais do IV Simpósio da ANPUH*, p. 181-241, 1967.

ao Barão de Passé, resolveu este fazer uma pomposa festa por ocasião de se ter de benzer a imagem da mesma Senhora, que, como nos conta Wanderley Pinho,

tinha mandado novamente encarnar. Nesse intuito, deu todas as providências necessárias para que, segundo o costume, o resultado correspondesse a suas vistas; e, ao mesmo tempo, convidou para sua casa muitas famílias e pessoas de sua amizade que quisessem assistir à festa no arraial, assim como acompanhar a imagem que tinha de partir desta cidade em um de seus barcos, na véspera da festividade. Sendo a povoação de Matoim pouco distante, meia dúzia de sujeitos de bom gosto fretaram o vapor 'Pedro II', contrataram a excelente música do corpo policial para ir tocando a bordo e convidaram todos os que quisessem dar tão agradável passeio para que se fossem munir dos competentes bilhetes, mediante a conveniente espórtula. A festa esteve esplêndida e magnífica e para que fosse considerada uma função completa nem mesmo faltou o indefectível e atraente fogo de vistas.[7]

Sem essa solidariedade constantemente redefinida pelas cerimônias, pelas festividades, pelo encontro, o elo de ligação entre os que viviam em colônias e o sentido maior da colonização se perderia. As festas deveriam reafirmar que essa sociedade buscava, no espaço colonial, a glória de Deus e a riqueza e prosperidade do Reino.

---

7 Wanderley Pinho. *História de um Engenho do Recôncavo*. 2ª ed. São Paulo: Nacional, 1982.

Mas se a festa, na sua origem celebrava a natureza, como grande provedora da subsistência humana, a colônia dava a essa subsistência um novo sentido. A produção não era mera dádiva da natureza, dependia do engenho humano e da atividade disciplinada e controlada de cativos: era fruto do trabalho, da lide penosa dos escravos. Interpunham-se aqui, nessa sociedade e em suas expressões, categorias modificadoras dos valores e que era preciso inserir e redefinir: os escravos e seu trabalho. Este, atividade insofrível para os brancos, no dizer do cronista, adquiria sentido enquanto purgação, pena, sofrimento para a salvação das almas. E o cativeiro travestia-se em resgate de gentios, para convertê-los à fé cristã e possibilita-lhes a vida eterna. O trabalho escravo assim legitimado, adquiria, ainda, um sentido sagrado.

À festa, necessidade de sociabilidade da colônia, interpunha-se, pois, o trabalho de escravos, pela necessidade de inseri-los nas comemorações, de harmoniza- las ao ritmo da produção, de normatizar as festividades de acordo com os novos padrões; de estabelecê-las enquanto parada da produção, espaço positivo, interrupção favorável à produção, de firmá-las como recreação de trabalhadores, de lazer.

O trabalho, gerador de riquezas, era, ao mesmo tempo, elemento de disciplinarização, de integração do cativo pagão na sociabilidade cristã, elemento de sua salvação. Daí a contradição entre a folga, o dia santo, o feriado e o trabalho, por interromper o processo de dominação e disciplinarização que integrava o escravo. A festa, a folga, seriam assim uma quebra do cotidiano, da rotina das obras servis, da produção, que poderia gerar o ócio.

A produção açucareira, no ritmo do comércio internacional, era atividade impressionante. Moía-se, sem interrupção, de agosto a fim de maio, num cronograma, de queimadas, colheitas e transporte que articulava o engenho e seus lavradores de cana. Nesse universo de produção, as atividades de eito empregavam, durante todo o ano, centenas de escravos, dentro de uma rotina cuidadosamente estabelecida.

Mundo do trabalho, mas também de poder, de representação dos fundamentos da colonização, nele, as comemorações desempenhavam importante papel, reveladoras do prestígio e da força do senhor, mas constituíam interrupção perigosa da produção e da dominação sobre os escravos.[8] Os feriados, os domingos representavam, de um lado, a reunião da população livre e senhorial, articulada aos engenhos, já que em suas capelas, ou na freguesia que os congregava, mas poderia representar a interrupção da produção, arranjada em cronograma apertado, para atender às necessidades de lavradores e senhores. Assim, permitir que os escravos parassem aos domingos e feriados, poderia desarticular o ritmo da safra, como observava Loreto Couto, em meados do século XVIII.[9] Como a cana só podia ser cortada e moída efetivamente no verão, argumentava que todo esforço

---

[8] Sobre o perigo das reuniões de escravos e a necessidade de controle, veja-se, entre outros, João José Reis. *A morte é uma festa*. São Paulo: Companhia das Letras, 1991; João José Reis e Eduardo Silva. *Negociação e Conflito: a Resistência Negra no Brasil Escravista*. São Paulo: Companhia das Letras, 1989; Kátia Queirós Mattoso. *Ser Escravo no Brasil*. São Paulo: Brasiliense, 1982.

[9] Domingos Loreto do Couto. *Desagravos do Brasil e glórias de Pernambuco*. ABNR, 24: 1-611, 1902.

deveria ser feito para que se completasse a colheita antes das chuvas de inverno. Cortada, a cana tinha de ser moída dentro de um dia, caso contrario o líquido azedaria. Se o trabalho parasse aos domingos, a cana cortada no sábado ficaria ameaçada, e não haveria cana pronta para ser moída na segunda-feira.[10] Ao mesmo tempo, a liberação das tarefas abriria tempo para o ócio. Daí a necessidade de os normatizadores eclesiásticos, como Benci, exortarem os senhores sobre a necessidade de observância do descanso dominical, enquanto momento de doutrinação, de lazer regulado de acordo com os preceitos cristãos. Um dos argumentos mais frequentes para se negar aos escravos o descanso dos domingos e dias santos era que eles aproveitavam esses momentos para beber e dançar e não para irem à missa. No início do século XVIII, Nuno Marques Pereira contava dos escravos de certa fazenda que estavam a trabalhar em um dia santo. O proprietário justificava a transgressão, dizendo serem

> De tal condição estes escravos, que se os mando ouvir Missa, vão meter-se por outras fazendas, com folguedos semelhantes a esses que ouvistes em casa desse morador, onde estivestes e o repreendestes desses calundus e feitiçarias. A segunda causa é, porque quando os mando à Missa, tomam-se de bebidas e fazem várias brigas, desaguisados e travessuras, e poucas vezes vêm para casa sem que lhes suceda alguma coisa destas. Em cujos termos, resolvo que maior acerto é, visto dar-lhes eu o sustento e o vestido,

---

10 Sobre o ritmo de produção dos engenhos, veja-se Vera Lucia Amaral Ferlini. *Terra, Trabalho e Poder. Op. cit.*; *Civilização do Açúcar*. São Paulo: Brasiliense, 1984; Stuart Schwartz. *Segredos Internos. Op. cit.*

ocupá-los. Porque também é certo, que o escravo ocioso ordinariamente cria vícios; e destes resultam maiores ofensas de Deus.[11]

Sílvia Lara observa que, nessas falas de escravos e de senhores, o pensamento econômico senhorial justifica a transgressão do preceito de ausência de trabalho naquele dia. No discurso senhorial, haveria, ainda, outra razão que antecede e complementa essa "justificativa": a de que os escravos, livres do trabalho e sob pretexto de assistir aos cultos religiosos, reuniam-se para práticas pouco recomendáveis e viciosas que podiam pôr em risco a dominação do senhor e a preservação dos próprios escravos (brigas e travessuras podiam resultar em ferimentos e outros ônus para o senhor: calundus e feitiçarias abriam um espaço que não era o do domínio senhorial). Há, portanto, certa identidade entre os "vícios" e as práticas lúdicas e religiosas que escapassem ao controle senhorial. Ou melhor: escapar ao domínio e controle do senhor – eis aí o perigo dos "vícios" advindos do "ócio".[12]

O descanso dominical ou dos dias santos, os folguedos e as festas, no mundo cristão colonial, deviam ser organizados como folga sagrada, lazer controlado. Nos dias úteis, o trabalho era a forma de evitar o ócio, forma de garantir a salvação e os dias santos, aos domingos deveriam ser estabelecidos como es-

---

11 Nuno M. Pereira. *Compêndio narrativo do peregrino da América*.(1731). 6ª ed. Rio de Janeiro: Academia Brasileira de Letras, 1939, t. II, p. 95.
12 Sílvia H. Lara. *Campos da Violência*. Rio de Janeiro: Paz e Terra, 1988.

paço da doutrinação, interrupção positiva do trabalho, dentro do sentido cristão.[13]

Nas falas coloniais sobre o descanso e o lazer dos escravos, percebe-se a constituição de uma ética do trabalho e do trabalhador, de sua disciplinarização, de constituição desses momentos e dessas temporalidades, de sua regulamentação. O esforço de subordinação dos folguedos dos escravos à ética escravista cristã do trabalho parece ter surtido efeito e Rugendas, ao relatar as diversões dos escravos, assinalava que a força da repressão e o papel dos padres católicos agiam no sentido de impedir a expressão de suas religiosidades africanas.[14]

---

13 "Dirão os senhores que não podem acabar com os escravos a que vão a Missa, a Doutrina, e a Pregação; porque ainda que os mandam, eles se divertem por outra parte e não vão. Mas pergunto. podeis acabar vós com eles que trabalhem não nos dias dedicados ao serviço, mas também nos dedicados a Deus? Pois porque não acabareis com eles que vão antes a ouvir Missa, a Pregação e a Doutrina? Não ha castigos, não há correntes, não há grilhões em vossa casa? Pois para quando os guardais? Se assim corno faltam a obrigação de Cristãos faltassem à obrigação do vosso serviço, ou do vosso respeito, logo vos não faltariam modos para os reduzir a devida sujeição. Porém porque faltando às obrigações de Cristãos não vos ofendem a vós, senão a Deus; por isso não se vos dá de apertar com eles para que dêem o culto a Deus, ao menos naqueles dias, em que manda o mesmo Senhor que lho demos assim Brancos e livres, como Pretos " Jorge Benci. *Economia Cristã dos senhores no Governo dos Escravos* (1700). São Paulo: Grijalbo, 1977.

14 "Pode-se estranhar encontrar entre os negros do Brasil tão poucos traços das ideias religiosas e dos costumes de sua pátria; mas nisso, como em muitas outras coisas, tem-se a prova de que para os negros a travessia que os leva para a América é uma verdadeira morte. O excesso das violências

Se guardados todos os dias santos e domingos, as interrupções, no período da safra, eram muitas. Nos registros do Engenho Sergipe do Conde, podemos verificar que dos 300 dias aproximadamente que constituíam a safra, houve, em média, 35 domingos e 26 festas ou dias santos. Tratando-se de um engenho de jesuítas, pode-se considerar esse número como o máximo.[15] No mês de agosto, havia três festas: N. Sra. das Neves, S. Lourenço, Assunçao e S. Bartolomeu. Em setembro, guardavam-se os dias Natividade (Anunciação), S. Mateus e S. Miguel. Em outubro, comemorava-se S. Simão e S. Judas. Todos os Santos, Apresentação de Maria e Santo André eram os dias santos de Novembro. Dezembro era, sem dúvida, o mês mais festivo, pois além do Natal, guardavam-se os dias de S. Francisco Xavier, da Imaculada Conceição, de N. Sra. do Ó, S. Tomás e S. Silvestre. Na continuidade do Natal, em janeiro tínhamos Nome de Jesus, Epifania (Dia de Reis) e S. Sebastião. Eram festas fixas de fevereiro a Purificação (Candelária), N. Sra. da Encarnação

---

que lhes são impostas destrói, quase inteiramente, todas as suas ideias anteriores, apaga a lembrança de todos os seus interesses: a América é para eles um mundo novo; aqui recomeçam uma nova vida. A influência da religião católica é incontestável desse ponto de vista; é a consoladora dos negros; seus sacerdotes lhes aparecem sempre como protetores naturais e o são com efeito. Por outro lado, as formas exteriores desse culto devem produzir uma impressão irresistível no espírito e na imaginação do africano. Concebe-se, pois, que no Brasil os negros se tornem rapidamente cristãos convictos e que todas as recordações do paganismo se apaguem neles ou lhes pareçam odiosas." Rugendas. *Op. cit.*, p. 157.

15 Cf. *Livros de Contas do Engenho Sergipe do Conde*. Cartório dos Jesuítas, ANTT. Veja-se ainda Stuart Schwartz. *Op. cit.*

e S. Matias. Em março e abril, além das festas móveis da Páscoa, que tomavam mais de uma semana, comemorava-se N. S. da Anunciação, São José, N. S. dos Prazeres. Maio era o fim da moagem, mês de Nossa Senhora, que em Portugal substituía as festas pagãs de Afrodite, as maias, mas interrompia-se o trabalho para reverenciar S. Felipe, S. Tiago e a Santa Cruz.[16]

Para o Rio, o tenente-coronel Couto Reis calculava, no final do século XVIII, que os sábados, domingos e dias de preceito somavam 134 dias por ano.[17]

A prática de os escravos trabalharem nos engenhos nos domingos e dias santos foi comum e sempre mencionada nos relatos. As necessidades de moagem impediam a completa paralisação das fábricas e muitos senhores de engenho, como nos relata Loreto do Couto, buscavam harmonizar os preceitos religiosos e o ritmo da produção, parando várias partes das operações em diferentes horas do dia. "A moenda cessava à meia-noite, mas às caldeiras precisavam continuar até as nove da manhã de domingo para completar a fornada. A moagem recomeçava as quatro horas da tarde do domingo, e as caldeiras

---

16 Alba Maria Zaluar, *Os homens de Deus*: um estudo dos santos e das festas no catolicismo popular. Rio de Janeiro: Zahar: 1983; Emanuel Araújo, *O teatro dos vícios*: Transgressão e transigência na sociedade urbana colonial. Rio de Janeiro: José Olympio, 1993; Luís da Câmara Cascudo. *Dicionário do folclore brasileiro*. Rio de Janeiro: 1954: Mello Moraes Filho. *Festas e tradições populares no Brasil*. São Paulo/ Belo Horizonte: Edusp/Itatiaia, 1979.

17 "Plano que fez o Tenente-Coronel Manoel Martins do Couto Reis pelo qual mostrava os avultados interesses que se podiam tirar da Real Fazenda de Santa Cruz". ANRJ, citado por Sílvia Lara. Campos da Violência. *Op. cit.*, p. 230.

reassumiam as operações às sete da noite. Assim, uma parte do engenho trabalhava enquanto a outra descansava. Atendia-se tanto a religião quanto a necessidade."[18]

Os escravos, porém, lutavam por seus momentos de descanso, de lazer e de sociabilidade, negados em função da produção, do temor da ociosidade e da congregação potencialmente subversiva que permitiria recompor laços de solidariedade e formas de organização, e dentre as reivindicações apresentada pelos escravos revoltados, no final do século XVIII, no Engenho Santana de Ilhéus, o Tratado apresentado pelos rebeldes a seu senhor, Manoel da Silva Ferreira, destacava, ao final: "Podemos brincar, folgar e cantar em todos os tempos que quisermos sem que nos impeça e nem seja preciso licença."[19]

O impedimento aos folguedos, danças e festas dos escravos era comum nos engenhos baianos, no início do século XVIII, e Antonil advertia que negar aos negros o direito a seus folguedos prejudicava o seu desempenho no trabalho, porque ficavam desconsolados e melancólicos, de pouca vida e saúde.

"Portanto, não lhes estranhem os senhores o criarem seus reis, cantar e bailar por algumas horas honestamente em alguns dias do ano, e o alegrarem-se inocentemente à tarde depois de terem feito pela manhã suas festas de Nossa Senhora do Rosário,

---

18 Domingos Loreto do Couto. *Desagravos do Brasil e glórias de Pernambuco.* *Op. cit.*

19 "Tratado proposto a Manoel da Silva Ferreira pelo seus escravos durante o tempo em que se conservarão levantados". *Apud:* Stuart Schwartz. "Resistance and Accommodation in Eighteenth Century Brazil: The Slaves' View of Slavery". HAHR, 57 (1): 69-81, fev. 1979.

de São Benedito e do orago da capela do engenho, sem gasto dos escravos, acudindo o senhor com sua liberalidade aos juízes e dando lhes algum prêmio do seu continuado trabalho."[20]

A festa do Rosário era a mais tradicional festa dos negros, celebrada em maio, ocasião em que elegiam o rei Congo, caso houvesse falecido ou abdicado. Embora os brancos ridicularizassem o rei escolhido pelos escravos, Koster anotava que ele possuía notável ascendência sobre os demais. Envolvida em certa pompa, o ritual era a solenidade maior das Confrarias do Rosário e culminava, após o cortejo pelas estradas, numa solenidade na igreja paroquial, seguida de danças no engenho.[21]

---

20 Antonil. *Cultura e Opulência do Brasil*, por suas drogas e minas. (1711). *Op. cit.*

21 "No mês de maio, os negros celebraram a festa de Nossa Senhora do Rosário. E nesta ocasião, que têm por costume eleger o Rei do Congo, o que acontece quando aquele que estava revestido dessa dignidade morreu durante o ano, quando um motivo qualquer o obrigou a demitir-se, ou ainda, o que ocorre às vezes, quando foi destronado pelos seus súditos. Permitem aos negros do Congo eleger um rei e uma rainha de sua nação, e essa escolha tanto pode recair num escravo como num negro livre. Esse príncipe tem, sobre seus súditos, uma espécie de poder que os brancos ridicularizam e que se manifesta principalmente nas festas religiosas dos negros, como, por exemplo, na da sua padroeira Nossa Senhora do Rosário (...) As onze horas fui à Igreja com o capelão e não demorou muito vimos chegar uma multidão de negros, bandeiras despregadas, ao som dos tambores. Homens e mulheres usavam vestimentas das mais vivas cores que haviam encontrado. Quando se aproximaram, distinguimos o Rei, a Rainha e o Ministro de Estado. Os primeiros usavam coroas de papelão, recobertas de papel dourado. O Rei tinha uma casaca verde, um colete vermelho, calças amarelas; tudo talhado à moda mais antiquada. Na mão carregavam um cetro de madeira dourada. A Rainha vestia um vestido

Mesmo controlado, proibido, motivo de escândalo para muitos, os folguedos escravos eram constantes, e, após os trabalhos do dia, os negros buscavam diversão, cantando e dançando. Para muitos, era surpreendente terem eles ainda energia para seus batuques, após um dia de trabalho:

> Mais bulhentos prazeres produzem sobre o negro o mesmo efeito que o repouso. À noite, é raro encontrarem-se escravos reunidos que não estejam animados por cantos e danças; dificilmente se acredita que tenham executado, durante o dia, os mais duros trabalhos, e não conseguimos nos persuadir de que são escravos que temos diante dos olhos.[22]

Importante notar que o trabalho de escravos, relacionado nessa sociedade a sofrimento, a purgação para salvação, entendido como incompatível com a alegria, com a diversão e a alegria dos escravos, em seus batuques, era visto como expressão de sua lascívia, de sua barbárie, que muitas vezes contagiava os brancos, como nos relatam muitos viajantes:

---

de cerimônia de seda azul. Quanto ao pobre Ministro de Estado, podia vangloriar-se de brilhar com tantas cores quanto o seu senhor, mas não fora tão feliz na escolha das roupas: a calça era demasiado estreita e curta, e o colete comprido demais. As despesas da cerimônia deviam ser pagas pelos negros, por isso haviam colocado na Igreja uma pequena mesa à qual estavam sentados o tesoureiro e outros membros da Irmandade Negra do Rosário, os quais recebiam os donativos dos assistentes dentro de uma espécie de cofre." Henry Koster. *Viagem ao Nordeste do Brasil* (1816). São Paulo: Nacional, 1942.

22 Rugendas. *Op. cit.*, p. 154.

A dança habitual do negro é o batuque. Apenas se reúnem alguns negros e logo se ouve a batida cadenciada das mãos; é o sinal de chamada e de provocação à dança. O batuque é dirigido por um figurante; consiste em certos movimentos do corpo que talvez pareçam demasiado expressivos; são principalmente as ancas que se agitam; enquanto o dançarino faz estalar a língua e os dedos, acompanhando um canto monótono, os outros fazem círculo em volta dele e repetem o refrão. Outra dança negra muito conhecida é o "lundu", também dançada pelos portugueses, ao som do violão, por um ou mais pares. Talvez o "fandango", ou o "bolero", dos espanhóis, não passem de uma imitação aperfeiçoada dessa dança.[23]

Acontece muitas vezes que os negros dançam sem parar noites inteiras, escolhendo, por isso, de preferência, os sábados e as vésperas dos dias santos.

Observando as representações teatrais, em Salvador, concluía que a ausência de senhoras nos espetáculos devia-se à apresentação do lundu, adaptado das danças dos africanos:

> O lundu parece-se bastante com a dança dos negros [...] Esta dança, a mais cínica que se possa imaginar, não é nada mais nem menos do que a representação a mais crua do ato do amor carnal. A dançarina excita seu cavalheiro com movimentos os menos

---

23 Jean Baptiste Debret. *Viagem pitoresca e histórica ao Brasil*. Trad. Port. 6ª ed. São Paulo/Belo Horizonte: Edusp/Itatiaia, 1975, t. II, p. 210.

equívocos; este responde-lhe da mesma maneira; a bela se entrega à paixão lúbrica; o demônio da volúpia dela se apodera...[24]

Mas as manifestações dos negros, principalmente nas cidades, incomodava e gerava temores. Vilhena, buscando ordenar o espaço e as vivências da Salvador Colonial, reclamava.

Da mesma forma, Tollenare, não sem um certo temor, descrevia a capoeira como dança militar de caráter violento, frequentemente terminada em disputas a faca.[25]

Na vida rural da América Portuguesa, podia-se observar o rico e curioso sincretismo das comemorações tradicionais camponesas europeias, travestidas pelo cristianismo e adaptadas aos costumes dos cativos. O carnaval, antigo rito, transformado em período de catarse, antes do recolhimento da Quaresma, era um espetáculo de manifestações de negros, com suas brincadeiras e danças.

Embora acentuando que o carnaval divertisse, nas cidades, majoritariamente a população negra, que, nesses três dias, festejavam

---

24 Tollenare. *Notas Dominicais* (1817). Trad. port. Recife: Secretaria da Educação e Cultura, 1978, p. 217.

25 É preciso mencionar, também, uma espécie de dança militar: dois grupos armados de paus colocam-se um em frente do outro e o talento consiste em evitar os golpes da ponta do adversário. Os negros têm ainda um outro folguedo guerreiro, muito mais violento, a "capoeira": dois campeões se precipitam um contra o outro, procurando dar com a cabeça no peito do adversário que desejam derrubar. Evita-se o ataque com saltos de lado e paradas igualmente hábeis; mas, lançando-se um contra o outro mais ou menos como bodes, acontece-lhes chocarem-se fortemente cabeça contra cabeça, o que faz com que a brincadeira não raro degenere em briga e que as facas entram em jogo ensanguentando-se". Tollenare. *Op. cit.*, p. 217.

com alegria e sem dinheiro, Debret anotava que a população branca também, nesses dias, divertia-se, atirando limões de cheiro.[26]

O dia de São José, 19 de março, em plena Quaresma, marcava, no Nordeste, o início das águas, tão esperadas e confundia-se com as súplicas por boas safras. Dia importante e comemorado em toda a região açucareira, dentro das limitações do homem em relação às forças da natureza.

Ao final da Quaresma, uma nova forma de catarse era permitida, na malhação do Judas, de variada simbologia nessa sociedade colonial, marcada pelas normatizações da Contra-Reforma. Não escapa ao francês a constatação de quanto essas festas são um bálsamo para os pobres, que no ato da malhação descarregam sua fúria, na simbologia de vencer o mal e praticar a justiça com as próprias mãos.[27]

---

26 "Para o brasileiro, portanto, o Carnaval se reduz aos três dias gordos, que se iniciam no domingo às cinco horas da manhã, entre as alegres manifestações dos negros já espalhado [...].Vêmo-los aí, cheios de alegria e de saúde, mas donos de pouco dinheiro, satisfazerem sua loucura inocente com a água gratuita e o polvilho barato que lhes custa cinco réis. Com água e polvilho, o negro, nesse dia, exerce impunemente nas negras que encontra toda a tirania de suas grosseiras facécias; algumas laranjas de cera roubadas aos senhores constituem um acréscimo de munições de Carnaval para o resto do dia.[...] Mas os prazeres do Carnaval não são menos vivos entre um terço pelo menos da população branca brasileira; quero referir-me à geração de meia idade, ansiosa por abusar alegremente, nessas circunstâncias, de suas forças e sua habilidade, consumindo a enorme quantidade de limões de cheiro disponíveis". Debret. *Op. cit.*, p. 220.

27 "É ao primeiro som de sino da Capela Imperial, anunciando a ressurreição do Cristo e ordenando o enforcamento do Judas, que esse duplo motivo de alegria se exprime a um tempo pelas detonações do fogo de

Por ocasião de Pentecostes, realizava-se a festa do Divino Espírito Santo, que dava aos negros a oportunidade de recriação de hierarquias simbólicas, com o Imperador, eleito para a ocasião. Debret que observou as festividades no Rio de Janeiro, dá-nos sua descrição, para o início do XIX, contando-nos do cortejo dos jovens folgazões que, com pandeiros, violões e triângulos e tambor, percorria, com a porta—bandeira, corriam as ruas, acompanhando, com cantos, o trono do Imperador do Espírito Santo (um menino de oito a dez anos):

> O pequeno imperador veste a casaca vermelha, calção da mesma cor e colete branco bordado a cores. Usa chapéu armado e de plumas debaixo do braço, espada à cinta, meias de seda branca, sapatos de fivela de ouro; tem a cabeça empoada e carrega uma sacola. Trás como condecoração um crachá e, pendente do pesco-

---

artifício, as salvas da artilharia da marinha e dos fortes, os entusiásticos clamores do povo e o carrilhão de todas as igrejas da cidade.[...] A figura indispensável, capital é a do Judas, de blusa branca (pequeno dominó branco de capuz, usado pelos condenados); suspenso pelo pescoço a uma árvore e segurando uma bolsa suposta cheia de dinheiro, tem no peito um cartaz quase sempre concebido nestes termos: eis o retrato de um 'miserável, supliciado por ter abandonado seu país e traído seu senhor. Um Diabo negro, o mais feio possível, a cavalo sobre os ombros da vítima. faz as vezes de carrasco e parece apertar com o peso de seu corpo o laço que estrangula o desgraçado. Mais engenhoso ainda é o Diabo amarrado pela cintura, de modo a escorregar pela corda do Judas, e suspenso três ou quatro pés acima da cabeça do boneco por meio de uma outra corda que se distende repentinamente." *Idem*, p. 191-2.

ço, uma espécie de custódia dourada no centro da qual destaca-se uma pomba prateada.[28]

A vida urbana, sem dúvida, permitia maior proximidade e congraçamento das populações, mas, no âmbito rural, com a expansão da produção e a criação de freguesias, com suas matrizes e arraiais, gradativamente, nos domingos e dias santos, a reunião religiosa implicava na possibilidade de comércio, de feiras, provedoras de gêneros, trocados por roceiros e escravos.

Se temos os resquícios desses espaços de trocas, de festividades, faltam-nos ainda dados concretos sobre as feiras, exceção daquelas ligadas ao comércio de gado. Abre-se aqui uma perspectiva interessante de investigações que poderia se valer dos registros das Câmaras Municipais (que possivelmente regulamentavam os eventos), dos registros judiciais (sobre querelas na ocasião). Nesses espaços, com o passar do tempo, realizavam-se as grandes festas, principalmente as do mês de junho, que marcavam o final da safra e que deram origem a umas das mais poderosas tradições festivas do Nordeste, a festa do interior.[29]

---

28 *Idem*, p. 215.

29 Lindley observava terem "os moradores da Bahia um modo especial de guardar a véspera de São João (ou noite do solstício de verão). Cortam junto à raiz, algumas àrvores direitas, altas e finas, semelhantes ao choupo e fixam-nas ao solo, em todas as ruas e arredores da cidade, empilham lenha seca em torno delas, até os seus ramos, e acendem, à noitinha, inúmeras fogueiras." *Op. cit.*, p. 140.

ORGANIZAÇÃO EMPRESARIAL E
MENTALIDADE ECONÔMICA
NO PERÍODO COLONIAL

No trato do açúcar, os colonos (senhores e lavradores de cana) não obtinham lucros de vulto, mas usufruíam favores e proteção da Coroa, reproduzindo internamente os mecanismos de exploração. Essa constatação que coloca uma indagação sobre o universo de valores que regia a mentalidade econômica colonial. Afinal, se isenções fiscais e suspensões de execuções de dívida constituíram importante face da remuneração dos proprietários, esse aspecto essencial das relações colônia/metrópole, intimamente ligado à constituição do mundo do açúcar, parece indicar atitude senhorial, com objetivos que não apenas o lucro ou a racionalidade empresarial, como hoje consideramos, mas também escravos e terras, fatores de honraria e poder.

Para discutir a lucratividade dos engenhos, lucro e prejuízo devem ser questionados e determinados historicamente nessa fase da produção colonial, e não tomados a partir da racionalidade capitalista, como regra geral, como dados naturais. É preciso pensá-los em sua complexidade, entendendo-os como construções históricas, cujo percurso e constituição é preciso refazer; devemos abandoná-los enquanto meros pontos de partida e colocá-los como pontos de chegada, como objetos da própria pesquisa. Lucro, investimento, prejuízo, trabalho e empresa precisam ser indagados no seu fazer diacrônico, no processo conceitual de sua constituição e transformação. É fundamental ultrapassar essa dificuldade de pensar a modernidade, sempre caracterizada com relação a um universo medieval em decomposição ou a um mundo capitalista em gestação, sem que se capte a historicidade da época. Frequentemente, a análise histórica tem sido passível de simplificações que tornam esse momento um arremedo primário da racionalidade capitalista, traduzida na utilização do rótulo "pré-capitalista"; ou então a mentalidade econômica moderna é tida como equivalente à contemporânea, fazendo do passado mera ficção presente. É essencial superar os anacronismos, marcando as diferenças de significado que se escondem na semelhança dos significantes.

Não se trata, aqui, de simplesmente verificar se havia lucro ou prejuízo nas atividades coloniais, nem tampouco desmascarar os conceitos de lucro ou prejuízo enquanto construções ideológicas a esconder um sentido muitas vezes teleológico de racionalidade capitalista. Interessa-nos, primordialmente, recuperar, de um lado, a relação dialética entre as condições objetivas de vida dos homens no trato colonial e, de outro, a maneira como as narram e como as vivem.

Metodologicamente, cabe ao historiador não apenas tentar reconstituir a mentalidade empresarial que comandou as *planta-*

tions escravistas, mas também cotejar os procedimentos contábeis-administrativos da época com os que hoje o capitalismo utiliza.[1]

As pesquisas sobre o assunto giram em torno de algumas questões. Quanto custava o negócio do engenho? Quanto custava operá-lo anualmente e qual era o retorno obtido? Tais questões são aparentemente simples, pois parecem solucionáveis por operações contábeis. Todavia, é nesse ponto que residem os problemas.

Em primeiro lugar, destaque-se a dificuldade de obter e selecionar a documentação para responder tais questões. Os registros individuais de bens de engenhos brasileiros, para o período, são raríssimos e extremamente descontínuos e lacunares. Registros cartoriais, como testamentos, inventários e escrituras, embora mais numerosos, estão dispersos, são fragmentários e, pela própria natureza, omissos em pontos importantes. Não foram encontrados relatos contábeis do período, no caso brasileiros, exceto os referentes aos empreendimentos jesuíticos e beneditinos. E mesmo estes apresentam escriturado rudimentar, que torna problemático o cálculo de seus resultados financeiros.[2]

Uma segunda ordem de problemas refere-se aos custos operacionais da empresa. A mensuração dos gastos, investimentos e lucros é um assunto complexo, que gerou debates a partir da

---

1 Especialmente nossos trabalhos: *O engenho Sergipe do Conde*. Contar, constatar e questionar (1623-1653). São Paulo: FFLCH/USP, 1980 (Dissertação de Mestrado) e *Terra, trabalho e poder*. O mundo dos engenhos no Nordeste colonial. São Paulo: Brasiliense, 1988.

2 Cf. Stuart Schwartz. "Um negócio nobre: lucros e custos", In: *Segredos internos*. Op. cit., p. 189.

análise das grandes plantações exportadoras dos Estados Unidos e do Caribe, principalmente por não serem da mesma natureza os procedimentos contábeis dos economistas contemporâneos e os dos plantadores coloniais. As discrepâncias entre os relatos documentais e as análises retrospectivas têm levado a interpretações bastante diversas.[3] A documentação existente dos engenhos brasileiros consiste em registros muito simples, nos quais lucros e perdas figuravam na base de gastos e entradas monetárias em geral.

A análise dessa documentação oferece problemas técnicos e metodológicos: de um lado, a forma precária e descontínua das anotações; de outro, o próprio tipo de empresa, que deve ser pensada no conjunto da situação histórica a que pertence. Refletindo sobre as possibilidades de estudo dos engenhos brasileiros, a partir da documentação do engenho Sergipe do Conde, estudada por Mauro, Witold Kula recomenda que se utilizem índices de avaliação aplicáveis ao capitalismo, pois se trata de uma empresa inserida na economia-mundo que caracterizou a história da formação do capitalismo. Assim, embora com cautela, deve-se proceder a uma análise tríplice das empresas, que considere: (a) reprodução dos cálculos de época para compreensão dos elementos admi-

---

3 Veja-se R. B. Sheridan. "The Wealth of Jamaica in the Eighteenth Century: a "Rejoinder". *The Economic History Review*. England, Second Series, 21(1):41-61, 1968; R. P. Thomas. "The Sugar Colonies of the Old Empire: Profit or Loss for Great Britain?" *The Economic History Review*. England, 21(1): 30-45, 1968; J. R. Ward. "The Profitability of Sugar Plantations in the British West Indies, 1650-1834". *The Economic Review*. England, 31(2):197-213, 1978.

nistrativos do período; (b) cálculo segundo critérios atuais; (c) reflexão sobre os resultados obtidos;[4]

Um dos *corpi* documentais básicos sobre o assunto tem sido o Livro de Contas do Engenho Sergipe do Conde, no período entre 1622 e 1653.[5] A série, transcrita e publicada em 1956 pelo Instituto do Açúcar e do Álcool, foi trabalhada por vários historiadores, como Mircea Buescu, Fréderic Mauro e Stuart Schwartz, dentre outros.[6] O códice, reproduzido do maço 13, nº 019, do Arquivo Nacional da Torre do Tombo, é precedido por sinopse do movimento financeiro das safras em questão, ressaltando o fato de as contas terem sido anualmente aprovadas pelo Colégio Jesuítico da Bahia.

Contudo, a utilização de todo o acervo documental do engenho Sergipe do Conde (bastante vasto, por sinal) deve levar em conta que essa unidade, chamada por Antonil de "o rei

---

4   Cf. Witold Kula. *Problemas y Metodos de la História Econômica*. 3ª ed. Barcelona: Península, 1977, p. 182-4.

5   Livro de Contas do Engenho Sergipe do Conde (1622-1653). *Documentos para a História do açúcar*. Rio de Janeiro: Instituto do Açúcar e do Álcool, 1956, vol. II.

6   Mircea Buescu. *Exercícios de História Econômica do Brasil*. 2ª ed. Rio de Janeiro: APEC, 1968; *História Econômica do Brasil*. Rio de Janeiro: APEC, 1970; *300 anos de inflação*. Rio de Janeiro: APEC, 1973; Fréderic Mauro. "Conceitos econômicos e economia colonial na época do capitalismo comercial (1500-1800)", In: *Nova História – Novo Mundo*. São Paulo: Perspectiva, 1969, p. 79-90; "Contabilidade teórica e contabilidade prática na América Portuguesa no século XVIII". In: *Nova História – Novo Mundo. Op. cit.*, p. 135-47; *Le Portugal, Le Brésil et l'Atlantique*. Paris: Calouste Gulbenkian, 1983; Stuart Schwartz. *Segredos Internos. Op. cit.*

dos engenhos do Recôncavo", esteve envolvida em demandas judiciais durante cerca de 100 anos. Dirigido pelos padres do Colégio de Santo Antão de Lisboa, sua propriedade foi disputada pelo Colégio Jesuítico da Bahia e pela Santa Casa de Misericórdia de Salvador, que reclamavam participação por terem sido agraciados, no testamento de Mem de Sá (seu proprietário primeiro), com a doação da terça, enquanto D. Filipa de Sá legara integralmente sua herança para o Colégio de Lisboa. Tal litígio arrastou-se até cerca de 1688. A documentação posterior também é marcada por problemas.

O que é relevante, ao examinarmos a questão, é o fato de o Livro de Contas consultado ser resumo da administração do Colégio de Santo Antão (do período do processo) e constituir documentação *a posteriori*, tendo, certamente, sido peça do processo. Assim, é provável que os resultados apresentados buscassem intencionalmente a demonstração de déficits.

A sistematização das despesas e receitas do engenho Sergipe do Conde em padrões contábeis atuais não é totalmente possível, pois não se pode estabelecer um quadro concreto dos bens patrimoniais do engenho.[7] É invariável fazer um balanço patrimonial mas não é impossível pensar a contabilização em parâmetros mais atuais.

---

7 O Cartório dos Jesuítas do antt de Lisboa abriga vastíssima documentação do engenho. Nelas, constam, os livros de contas do período 1611-1751. Todavia, essas súmulas contábeis diferem bastante das que Denson Riley ("Santa Lucia: Desarrollo y Administración de una Hacienda Jesuítica en el Siglo XVII". In: Enrique Florescano (coord.). *Haciendas, Latifúndios y Plantaciones en America Latina*. 3ª ed. Mexico: Siglo XXI, 1978) cita para as empresas jesuíticas da América Espanhola.

Do ponto de vista contábil, como caracterizarmos os Livros de Contas do Engenho? Além das especificidades já apontadas (cópia, ajustamento etc), o Livro de Contas foi feito em sistema primitivo. Não se trata sequer de partidas simples, mas de contabilidade rudimentar: qualquer entrada é receita, qualquer saída é despesa e o movimento do ano é computado pelo cálculo simples entre os dois elementos.

Pesquisas mais gerais sobre os bens dos jesuítas no Brasil poderiam oferecer um quadro de suas práticas administrativas e contábeis.[8] Os estudos de Denson Riley e Herman W. Konrad nos dão conta de que no México os inacianos tinham um sistema de escrituração geral, determinado pelas Instrucciones da Província: um livro borrador e um livro-caixa resumo, além de livros de tombos e inventários de bens, de dívidas, de mercês de terras, de assento dos trabalhadores. Os livros borrador e caixa, porém, seguiam simplesmente o padrão de ingressos e pagamentos. Não há notícia, na contabilidade colonial, de livro razão, como aquele de Antonio Coelho Guerreiro, publicado em 1956 por Virgínia Rau. Comentando a natureza dessa contabilidade, Mauro salientara que, como é hoje corrente, o livro do mercador, ao final do século XVII, anotava débitos (o que se

---

8 Interessante, como exemplo, o estudo de C. de Castenau e C. Zeron. "Une Mission Glorieuse et Profitabe". Paris: *Révue de Synthèse*, 4ªs. 2-3: 335-58, 1999, em que os autores analisam a proposta de reforma missionária na Bahia, "Advertências para a Província do Brasil", e consideram parâmetros de lucratividade para engenhos.

lhe devia) e créditos (o que ele devia), mas em folhas separadas e sem se preocupar com a igualdade dos totais.⁹

Aqui há outra diferença com relação aos conceitos atuais de movimentação empresarial. Embora se possa pensar que tal simplicidade fosse um recurso, escrituração rudimentar parece ter sido comum, no âmbito colonial; é o que mostram, por exemplo, os livros de contas de negociantes processados pela Inquisição.¹⁰ O fato de considerarem qualquer saída como despesa (por exemplo, classificarem um aumento de plantel de escravos como despesa, e não como investimento), indica o estágio de reflexão sobre o negócio e o conceito de lucro. Da mesma forma, a duplicação de moendas, embora significasse melhoria e aumento da capacidade produtiva do engenho, era apontada pela contabilidade como despesa.

---

9 "O livro razão de Coelho Guerreiro". In: *Nova História – Novo Mundo*. *Op. cit.*, p. 149-76.

10 Fréderic Mauro analisou a documentação de Fernão Martins, mercador cristão-novo, cuja farta documentação está no *Códice 8606, Inquisição* de Lisboa. De nossa parte, consultamos dois livros de conta de mercadores portugueses, da Inquisição de Coimbra, e pudemos verificar a simplicidade de suas anotações. *Contas Correntes*. Francisco Pereira Lopes de Vila Pouca de Aguiar, 1722, *Livro 770; Livro e contas correntes de Miguel Pereira de Leão Mercador* (*Notas sobre comércio Brasil-Alemanha*), 1647-58, *Livro 772; Contas correntes de Gaspar Dias Fernandes*, do Porto (importações e exportações), 1697-1704, *Livro 768; Livro de contas diversas*. Antonio Rodrigues da Paz. Mercador, 1715-8, *Livro 769; Livro de contas de um mercador*. Francisco Pereira Lopes, João Neves, Manoel Antunes, devedores a Francisco Pereira, 1698-1701, *Livro 771*.

Além do mais, a escassez monetária, que fazia que grande parte da movimentação fosse meramente contábil, impedia uma maior concretude dos resultados. Os movimentos de letras de câmbio do engenho, por exemplo, mostram-nos que muitos negociantes de quem os jesuítas compravam eram também intermediários de outras operações e que os próprios padres do Colégio de Santo Antão (proprietário do engenho) estavam envolvidos em complexa rede de negócios.

Por isso, é fundamental, na análise da economia colonial, esmiuçar a especificidade do evento econômico colonial, para depois reconstruí-lo em perspectiva lógico-explicativa. Partindo de conceitos apriorísticos é impossível observar as diferenças entre o modelo preestabelecido e a da realidade em questão. Atribuindo-se ao processo histórico concreto uma sucessão que remete a um modelo ideal, dissolve-se o tempo, dimensão essencial. A totalidade não é entidade nem individualidade, mas processo histórico.[11] É preciso investigar o processo de objetivação, manutenção e continuidade da realidade histórica, o que requer a laboriosa reconstituição das mediações e determinações da economia colonial.

Como apreender esses nexos sutis que determinaram uma realidade, a partir de um acervo documental como o de Sergipe do Conde? O tratamento inicial da documentação é obrigatoriamente quantitativo – decodificar a linguagem dos números,

---

11 "O capital não é uma relação simples, mas um processo, em cujos diversos momentos nunca deixa de ser capital." Karl Marx. *Elementos fundamentales para crítica de la Economia Politica (Grundrisse)*. 10ª ed. México: Siglo XXI, v. 1, p. 198.

estabelecer séries e compará-las. É claro que a escolha dos elementos na constituição das séries, se bem circunstanciada pelas próprias possibilidades dos documentos, parte de posição precisa: o delineamento da prospecção do processo histórico da colônia, elemento de acumulação que não se confunde com o capitalismo, nem a ele teleologicamente conduz.

O que nos é possível constatar e questionar a partir do levantamento serial e quantitativo? Na análise das empresas coloniais, a constituição de séries e seu tratamento estatístico dão-nos uma nova noção de evento, descartando qualquer visão teleológica, exterior e apriorística, permitindo mergulhar na especificidade, pela comparação com outros que o precederam ou que o seguiram. Trata-se portanto de observar as oscilações conjunturais, a flutuação dos preços, o aumento ou a diminuição da produção, os conflitos sociais, as tensões e a rearticulação estrutural.[12] Não se trata de quantificar ou qualificar, mas de recuperar a história em seu sentido e em sua expressão.

Para exemplificar a metodologia, podemos discutir certos problemas de análise do resultado financeiro dos engenhos coloniais, que tiveram na documentação do Sergipe do Conde, até recentemente, sua única fonte de estudo; tal análise resul-

---

12 Ver Ernest Labrousse. *Flutuaciones Económicas e História Social*. Madri: Tecnos, 1973, que evidencia, por meio da história dos preços, a dinâmica dos antagonismos das classes sociais e em que as séries estabelecidas servem de suporte à história em sentido amplo.

tou na sedimentação do conceito de prejuízo estrutural da empresa açucareira.[13]

A primeira aproximação sistemática sobre os lucros e prejuízos desse engenho foi feita por Frederic Mauro,[14] que analisou o período de 1622-53 de acordo com o Livro de Contas do Engenho Sergipe do Conde, publicado pelo IAA.[15] Para sua análise, o autor tomou por base as rubricas gerais de despesas apontadas em relatório geral de 1635 do padre Estêvão Pereira, dire-

---

13 Criticando essa posição, Stuart Schwartz observa: "Tudo indica que os baixos retornos verificados para os engenhos Sergipe e Santana não caracterizaram a indústria ao longo de períodos prolongados. Fossem quais fossem as vantagens sociais trazidas pela posse de um engenho, os proprietários não teriam permanecido no negócio por muito tempo sob tais condições. Embora houvesse restrições sobre a flexibilidade e a modalidade do capital na economia açucareira que às vezes obrigavam os senhores de engenho a operar com prejuízo, a situação não era tão ruim como eles apregoavam. Por outro lado, apesar de ter havido períodos de grandes lucros que trouxeram crescimento e fortunas à indústria, a imagem de vida luxuosa e inacreditável riqueza é também errônea. A indústria açucareira provavelmente não foi nem tão rica nos bons tempos, nem tão pobre nas épocas difíceis como o descrito por contemporâneos e historiadores." *Segredos internos. Op. cit.*, p. 204.

14 Fréderic Mauro. "Conceitos econômicos e economia colonial na época do capitalismo comercial (1500-1800)". In: *Nova História – Novo Mundo. Op. cit.*, p. 79-90; "Contabilidade teórica e contabilidade prática na América Portuguesa no século XVII". *Idem.* p. 135-47; *Le Portugal, le Brésil et l'Atlantique. Op. cit.*

15 Livro de contas do engenho Sergipe do Conde (1622-1653). *Documentos para a História do açúcar. Op. cit.*

tor do engenho entre 1629 e 1633.[16] Contudo, essa avaliação de Pereira não foi escrita, apenas como registro ou balanço auditorial do engenho, mas foi também peça de sua defesa, em processo para levantamento de despesas e problemas de sua gestão, face às acusações de malversação de fundos. Novamente há que se levar em conta, nessa situação específica, a tendência em superestimar as despesas, acentuar as péssimas condições de produção e justificar os pesados débitos legados por sua gestão. Mesmo com essas ressalvas, algumas observações de Pereira devem ser levadas em conta, como a vantagem de vender os açúcares de Lisboa, indício de realização do lucro na metrópole, alterando, caso dos açúcares carregados, o resultado financeiro do engenho.[17]

Tomando-se a safra 1623/24 (a última antes da invasão holandesa) e procedendo-se à transcrição para um livro-razão, buscou-se maior especificação das despesas; em primeiro lugar, foram consideradas salários apenas as soldadas pagas aos trabalhadores fixos do engenho; o pagamento a trabalhadores eventuais foi incluído em itens como "manutenção de barcas", "obras" etc., na medida em que buscávamos detectar os "gastos" de investimentos. O item "diversos", que na contabilização do padre Estevão Pereira representava 14,5% do montante foi desdobrado em despesas com móveis e utensílios da casa-grande, porção dos padres,

---

16 Padre Estevão Pereira."Dase rezão dos bens...". In: Antonil. *Cultura e opulência do Brasil* (1711). *Op. cit.*, p. 513-27.

17 "Que quando o preço do assucares no Brazil he baixo, convem não se vender la o assucar. Mas embarcado para o Reino, aonde sempre tem muita valia e se ganha mais de cento por cento, e nos ajuda mais que os mercadores, porque não pagamos direitos." Estevão Pereira. *Op. cit.*, p. 527.

demandas judiciais, gastos com fretes, embalagens e armazenamentos, de modo que esse item indeterminado ficou reduzido a 2,5% do total. A verificação criteriosa de todas as safras (mesmo as que que não constam no volume publicado e que se encontram nos manuscritos do ANTT) revela que havia duplicação de lançamentos: quantias referidas como pagamento de suprimentos em uma safra reapareceram em outras; pagamento de dívidas ressurgiram em anos posteriores.[18] Sendo usual o pagamento das compras apenas na safra seguinte, eliminamos essa duplicação.

Tais procedimentos mudam significativamente o quadro financeiro do engenho. Para Mauro, na safra de 1623/1624, teríamos, em resumo, um déficit de 3.384.400 réis.[19] Em nossa análise, pudemos configurar o seguinte "balanço":

ATIVO		PASSIVO	
Investimentos	935.207	Despesas	4.851.013
Vendas	3.078.610	Lucro líquido	775.280
Receitas a realizar (açúcar em estoque)	1.055.737		
Dívidas anteriores	556.739		
Total	5.626.293		5.626.293

---

18 Vera Lucia Amaral Ferlini. *O engenho Sergipe do Conde*. Contar, constatar, questionar. São Paulo: FFLCH/USP, 1980 (Dissertação de Mestrado), p. 49-55.

19 Cf. Fréderic Mauro. "Contabilidade teórica e contabilidade prática". *Op. cit.*, p. 139 e 144.

Considerados os investimentos, a produção em estoque e as vendas realizadas em Lisboa (cuja apuração total era, como advertira Estevão Pereira, 100% maior), o resultado positivo alcança cerca de 2,7 contos de réis. Não se trata de lucro substancial, se considerarmos o nível de investimento do engenho (calculado em cerca de 48$000.000), mas demonstra a relatividade das análises e da percepção dos negócios do engenho. Todavia, Stuart Schwartz assinala, para o início do século XIX, um lucro médio de 6,4%, para uma taxa geral de rendimentos de 5%. Stuart, que realizou uma análise semelhante para outras safras, observa que no século XVII um retorno anual de 2 a 3 contos de réis sobre um engenho avaliado em 20 contos de réis – ou seja, um lucro de 10 a 15% – era considerado bastante satisfatório.[20] Ou seja, o lucro existia, mas não era visualizado pelos administradores, uma vez que, na situação colonial, parte desse excedente estava encoberta por outras operações ou, como já observara Celso Furtado, era reinvestida no aumento ou na manutenção do plantel de escravos.[21]

Em 1781, escrevendo a Domingos Vandelli, José da Silva Lisboa assinalava que os jesuítas foram os melhores adminis-

---

20 Stuart Schwartz. *Op. cit.*, p. 233.
21 Celso Furtado assinala que "a indústria açucareira era suficientemente rentável para financiar uma duplicação de sua capacidade a cada dois anos atribuindo as queixas de prejuízo e a não efetivação desse ritmo de crescimento ao fato de, provavelmente, parte substancial desses capitais pertencesse a comerciantes não residentes." *Formação econômica do Brasil*. 3ª ed. Rio de Janeiro: Fundo de Cultura, 1961.

tradores de engenhos da Bahia.²² Por outro lado, não havia absenteísmo dos dirigentes do engenho, que era administrado por um padre residente, enviado pelo Colégio de Santo Antão. Outro dado importantíssimo não foi levado em conta por Mauro e por Schwartz: em certos períodos, o engenho foi arrendado e a renda estabelecida foi de aproximadamente 2 contos de réis.²³ É claro que, se pagavam renda, os engenhos não podiam ser estruturalmente deficitários. Por outro lado, os jesuítas, em todas as suas propriedades no Novo Mundo, foram considerados administradores modelares.

Em 1982, Schwartz apresentou um estudo – "The Plantations of St. Benedict: the Benedictine Sugar Mills of Colonial Brazil" – com base em documentação inédita da contabilidade beneditina, depositada no Arquivo Distrital de Braga.²⁴ Nesse artigo e nas conclusões posteriormente apresentadas em sua obra *Segredos internos*, verificou lucro em todas as safras. Para o autor, os bons resultados deveram-se à excelente administração, à racionalidade da empresa e ao melhor tratamento dado aos escravos.²⁵

---

22 José da Silva Lisboa. "Carta muito interessante para o Dr. Domingos Vandelli"(1781). *Anais da Biblioteca Nacional do Rio de Janeiro*: ABNRJ. 32:494-506, 1914.

23 O Engenho esteve arrendado nas safras de 1647, 1648 e 1649, por cerca de 4 contos de réis anuais (100.000 cruzados). Cf. Livro de contas. *Op. cit.*, p. 493 e 494.

24 Stuart Schwartz. "The Plantations of St. Benedict: The Benedictine Sugar Mills of Colonial Brazil". *The Americas*. Washington, 39(1):1-22, 1982.

25 Stuart Schwartz. *Segredos internos. Op. cit.*, p. 202-6.

No entanto, a documentação depositada no Arquivo Distrital de Braga é de natureza bastante diversa dos Livros de Contas dos engenhos jesuíticos. Os códices jesuíticos da Torre do Tombo contêm registros mais detalhados e pontuais. A contabilidade beneditina, bastante formal, consiste nos Livros de Estado, que obedecem a um mesmo esquema para todas as unidades brasileiras; além de revelar lucro, demonstra critérios contábeis diversos e outra maneira de considerar financeiramente a mão-de-obra.

Nos parece bastante claro que os resultados financeiros negativos, apontados nas contas jesuíticas, estão ligados ao próprio caráter da documentação: é preciso considerar a manipulação de dados para demonstração de prejuízos constantes em função das demandas pela posse da empresa. Com isso, a questão da rentabilidade dos engenhos pode ser reavaliada a partir da documentação beneditina, que aponta aspectos interessantes no estabelecimento de critérios contábeis: a compra de escravos como investimento, por exemplo, e os fundos gastos para tal não foram incluídos nos gastos operacionais dos engenhos. Essa diferença pode estar vinculada ao longo trato dos beneditinos com suas unidades autárquicas desde a Idade Média, experiência que lhes possibilitou viver situações de gestão e, assim, visualizar mais claramente os mecanismos de produção e realização das riquezas.

Na colônia, a interação entre a prática econômica concreta e sua intelecção subjetiva vai se constituindo, ao longo dos séculos, paralelamente ao processo geral de acumulação da economia-mundo. Diferentemente da apreensão da realidade produtiva, que possuem os homens do final do período colonial, como Silva Lisboa, Vilhena, Tollenare, entre outros, os colonos do século XVI até o início do XVIII concebiam a empresa e o negócio dentro dos parâmetros do governo da casa, sem o salto de compreensão aportado pela Economia Política.[26] Esses limites aparecem claramente em Antonil (que era jesuíta e escreveu sobre o açúcar com base na análise do engenho Sergipe do Conde), como bem observou Rafael Marquese; a visão de Antonil "traduzia uma *concepção estática* de *administração* das propriedades rurais escravistas: nessa concepção, o foco das atenções era o poder, a autoridade do senhor rural, e não a produtividade da exploração agrícola".[27] Por outro lado, o entendimento do engenho dava-se dentro da noção da *oikonomia,* do governo da casa (ocupada fundamentalmente em afirmar a autoridade do senhor sobre os subordinados, em atenuar os conflitos presentes na *oikos* e em manter sua produção dentro de certos padrões de funcionamento); por isso, o aumento da rentabilidade da produção pelo trabalho não era cogitado.[28]

---

26 Veja-se Antonio Penalves Rocha. *A Economia Política na sociedade escravista.* São Paulo: História Econômica FFLCH/USP/Hucitec, 1996; José Luís Cardoso. *O pensamento econômico em Portugal.* Lisboa: Estampa, 1989.

27 Rafael Bivar Marquese. *Administração & escravidão.* São Paulo: Hucitec/Fapesp, 1999, p. 97.

28 *Idem, ibidem.* O autor ressalta: redigido de acordo com a grade conceitual elaborada por Xenofonte e Aristóteles, vale lembrar a distinção estabelecida pelo último, no livro I da Política, entre a oikonomia – a arte do governo da casa – a chréinatistiké – a arte da aquisição dos bens. Se o sentido da primeira era inequívoco, o mesmo não ocorria com a segunda, pois Aristóteles firmou uma diferenciação entre os métodos naturais de aquisição dos bens e os métodos não naturais. Os métodos naturais de aquisição (a agricultura, as trocas em espécie ou dinheiro) pertenciam à esfera da

Uma questão que se coloca é da possibilidade de detectar o ideológico nessas súmulas contábeis. Se considerarmos a ideologia a mediação necessária entre o ser e o aparecer de dada época; levarmos em conta que a maneira de aparecer é, também, fundamentalmente uma maneira de ser; se em busca do ideológico não negligenciamos o que se faz visível, em busca de uma transcendência inexistente, a documentação contábil colonial constitui rico manancial. Nesse sentido, o discurso contábil é, como qualquer outro, manifestação ideológica. Sua suposta objetividade mascara determinações mais sutis e fundantes do processo histórico e constitui expressão de uma sociedade e de uma camada social. Sob a máscara dos números e de sua falaciosa objetividade escondem-se relações sociais concretas: as instâncias em que as formas particulares de acumulação são geradas e repostas.[29] É claro que não se há de construir uma nova historiografia pelo simples arrolamento de dados estatísticos ou pela aplicação de uma economia retrospectiva.[30] É dentro de uma posição teórica consolidada, na dinâmica das relações so-

---

oikonomia, cuja função era obter e conservar os bens necessários ao bom funcionamento da oikos; por sua vez, os outros métodos de aquisição (comércio como fim em si mesmo, empréstimo a juros), ao buscarem o acúmulo ilimitado de riquezas, configuravam-se como não naturais.

29 "O que se supõe efetivo e concreto, que se supõe entidade, antes de tudo processo, cuja essência não desaparece no que se faz visível. A aparência, mediada pela essência num processo de negação; ao mesmo tempo, a essência, mediada pela forma, que olvida sua trajetória." Cf. Karl Marx. *Elementos fundamentales* [...] *Op. cit.*, p. 21.

30 Cf. Albert Soboul. "Descrição e medida em História Social". In: Vitorino de Magalhães Godinho (org.). *A História Social*. Problemas, fontes e mé-

ciais de produção de uma época, que se deve buscar o papel da quantificação.³¹ Lembremo-nos de que a História elabora-se no campo dos antagonismos sociais, mas que estes cristalizam-se em relatos. A Época Moderna, embora gênese do capitalismo, é marcada também, nas colônias, por um mentalidade empresarial específica. No amplo processo histórico de separação entre o capital e o trabalho, o escravismo contribui como elemento violento de dissociação e como síntese e antecipação da mais completa alienação ao capital.³²

---

todos. Lisboa: Cosmos, 1973; e Caio Prado Jr. *História quantitativa e método da historiografia*. Debate e crítica. São Paulo, 6:11-9, 1975.

31 Cf. José Jobson de Andrade Arruda. "História e crítica da História Econômica Quantitativa". *Revista de História*. São Paulo: 110: 463-81, 1977.

32 Ver "Escravismo e Latifúndio", In: Vera Lucia Amaral Ferlini. *Terra, trabalho e poder. Op. cit.*, p. 17-24.

PARTE III

AS MUDANÇAS DA TERRA

AÇÚCAR E ESCRAVOS
NO BRASIL COLONIAL:
AS CAPITANIAS DO SUL

A experiência açucareira no Brasil tem dimensões ímpares na história do mundo moderno. Mais que exploração econômica, ela foi a pedra de toque do estabelecimento português na América, que fundamentou, a partir de canaviais e engenhos, laços de dependência econômica, política e cultural. A necessidade de trazer colonos em quantidade para garantir a guarda da extensa costa exigiu a organização de uma atividade lucrativa capaz de atrair os colonizadores com o oferecimento de facilidades e lucros potenciais. O açúcar respondeu a esses requisitos. A experiência anterior nas ilhas do Atlântico, a rede de contatos financeiros e comerciais dos portugueses no mercado europeus as condições de solo e clima no Brasil foram fatores que favoreceram a instalação da produção, num momento de preços positivos.[1]

Em 1530, mais do que o lucro, foi a necessidade de fixação e de defesa das novas terras que direcionou a implantação de unidades açucareiras. A exploração econômica definiu depois os

---

1   Cf. Celso Furtado. *Formação econômica do Brasil. Op. cit.*, p. 18-20.

rumos da colonização, mas não foi certamente o único motivo das determinações de D. João III.

Os engenhos foram assim, desde o início, os marcos da ocupação portuguesa em terras brasileiras, verdadeiros bastiões da ocupação, indicativos da posse da terra. Nas primeiras décadas, espalharam-se por toda a costa. E mesmo onde a cana não florescia, o cronista apontava a viabilidade de ocupação proveitosa. Em 1587, Gabriel Soares de Sousa observava: "e por aqui acima é a terra muito boa para se poder povoar, porque dá muito bons canaviais de açúcar..."[2]

No Nordeste, a produção rapidamente tomou fôlego e cristalizou a grande plantação escravista. Então, o engenho, núcleo de colonização e base da grande exploração econômica, enraizou uma verdadeira civilização do açúcar, que marcou séculos de nossa história.[3]

No Sul, espalhados nas marinhas das capitanias de São Tomé, Rio de Janeiro e São Vicente, os engenhos persistiram, mas não tomaram a dimensão econômica da grande plantação. Quase silenciosos, continuaram a produzir açúcar e aguardente para o sustento das populações, para as expedições sertanistas e para as frotas que iam ao Prata.

Em São Tomé, o primeiro donatário, Pero de Góis, trouxe gado e mudas de cana de São Vicente, para maneio de um engenho que, em 1547, produzia cerca de mil arrobas de açúcar. A iniciativa fracassou frente às constantes investidas indígenas. Em

---

2 Gabriel Soares de Sousa. *Tratado Descritivo do Brasil. Op. cit.*, p. 69.
3 Cf. Vera Lucia Amaral Ferlini. *Terra, trabalho e poder*; Stuart B. Schwartz. *Segredos internos. Op. cit.*

1627, já como capitania real, senhores de engenho da Guanabara e Cabo Frio requereram sesmarias para criação de gado. Após a restauração de Angola, Salvador Correa de Sá mandou erguer um engenho nos Campos de Goitacases, equipando-o com moendas de madeira e tração animal, e proveu-o com escravos de suas fazendas do Rio de Janeiro e outros trazidos da África. Em 1674, a capitania foi doada, agora com o nome de Paraíba do Sul, a Martins Correia de Sá e João Correia de Sá. Engenhos de pequeno porte ainda eram notados, mas predominavam a atividade criatória e a produção de gêneros de subsistência.[4]

No recôncavo da Guanabara, desde o início da colonização, os engenhos marcavam a paisagem e, subsistiram em função do tráfico de escravos com a Angola restaurada.[5]

Na capitania de São Vicente, a produção açucareira floresceu no século XVI. Na Baixada Santista, ao lado do primeiro engenho fundado por Martim Afonso de Souza, pouco mais de uma dezena de moendas haviam se instalado. A dificuldade na obtenção de mão-de-obra, os constantes conflitos com os indígenas e as dificuldades no comércio com a metrópole levaram à estagnação e à decadência; contudo, os engenhos, embora simples e rústicos, não desapareceram da capitania e, mesmo

---

[4] Cf. Augusto de Carvalho. *Apontamentos para a História da Capitania de S. Thomé*. Campos: Typographia e Litographia de Silva, Carneiro & Comp., 1888; Fernando José Martins. *História do descobrimento e povoação da Cidade de S. João da Barra e dos Campos dos Goitacases, antiga capitania da Parahyba do Sul*. Rio de Janeiro: Typographia de Quirino & Irmão, 1868; Sílvia Hunold Lara. *Campos da violência. Op. cit.*

[5] C. R. Boxer. *Salvador de Sá e a luta pelo Brasil e Angola (1602-1686). Op. cit.*

"serra acima", registrava-se a produção de alguma aguardente e rapadura, durante o século XVII.[6]

No século XVIII, o panorama açucareiro nas capitanias do Sul lentamente começou a mudar. A partir de 1690, a economia açucareira beneficiou-se da conjuntura de guerras europeias e os preços iniciaram uma fase de altas que se prolongou até 1710. Para o açúcar do Nordeste, os benefícios não foram muitos, pois os preços de escravos e de gêneros seguiam a mesma tendência, pressionados pela demanda para as Minas.

Justamente as Minas, no caso do Sul, estimularam a cultura canavieira. Com o incentivo à mineração, desde o início do século XVIII o porto carioca desempenhava papel fundamental no tráfico negreiro, tornando-se o principal pólo de importação e redistribuição de escravos para o Sudeste. Entre 1723 e 1771, do maior porto negreiro africano ao sul do Equador, Luanda, foram exportados para o Brasil 203.904 cativos, dos quais 51% para o porto do Rio de Janeiro.[7] As Minas estimulavam um florescente comércio negreiro que tinha na aguardente o principal

---

6 Cf. Maria Thereza Schorer Petrone. *A lavoura canavieira em São Paulo*. São Paulo: Difusão Europeia do Livro, 1968, p. 9-12.

7 Cf. Maurício Goulart. *A escravidão africana no Brasil*. São Paulo: Alfa-Ômega, 1975; Herbert Klein. *The Middle Passage*. New Jersey: Princeton University Press, 1978; Phillip Curtin. *The Atlantic Slave Trade*: a Census. Madison: Wisconsin University Press, 1969. Ver também os dados de Manolo Garcia Florentino. *Notas sobre os negócios negreiros*: o Porto do Rio de Janeiro (1790-1830). Niterói: UFF, 1988.

produto de troca. Ao mesmo tempo, lavouras de cana e engenhos beneficiavam-se da maior disponibilidade de escravos.[8]

Se é certo que a transferência da sede da administração colonial para o Rio de Janeiro, em 1763, revelava a preocupação com a mineração, é certo também que a medida reforçou a vitalidade da região.

O início da Guerra de Independência na América do Norte e o conflito generalizado no Caribe e no Atlântico, com a consequente tendência de alta dos preços, a partir da década de 1770, deram novo impulso à produção açucareira do Sul, orientada, agora para o mercado mundial e consolidando, nessas áreas, uma produção escravista de larga escala.[9] Desde 1765 cultivava-se sistematicamente cana em São Paulo, mas a partir de 1790 o desenvolvimento do setor intensificou-se, embora, a produção da região fosse relativamente pequena.[10]

Analisando-se a exportação de açúcar de algumas regiões, conforme dos dados de J. Jobson Arruda, percebe-se o notável

---

8 Cf. Mafalda P. Zemella. *O abastecimento da Capitania das Minas Gerais no século XVIII.* 2ª ed. São Paulo: Hucitec/Edusp, 1990.

9 Não se pode atribuir unicamente às guerras e às revoltas no Caribe o impulso favorável à produção açucareira do final do século xviii. No caso do Brasil, há de se levar em conta a nova inserção dos produtos agrícolas numa economia que se expandia à época da Revolução Industrial. Assinale-se, ainda, a política de fomento agrícola, estimulada desde o tempo de Pombal pelos administradores coloniais. Cf. José Jobson de Andrade Arruda. *O Brasil no comércio colonial. Op. cit.*, p. 642 e ss.; Stuart Schwartz. *Segredos internos. Op. cit.*

10 *Idem.*

crescimento da produção do Rio de Janeiro, que se tornava praticamente a maior área produtora da colônia.

EXPORTAÇÃO DE AÇÚCAR

ANO	RIO DE JANEIRO	BAHIA	PERNAMBUCO	SÃO PAULO
1796	475.672	676.163	502.538	11.817
1797	222.551	248.696	201.470	4.406
1798	801.088	434.468	342.695	82.333
1799	523.868	373.188	417.114	–
1800	153.035	339.718	365.296	–
1801	870.282	598.985	647.753	–
1802	674.481	163.662	452.857	–
1803	520.751	498.458	302.490	–
1804	397.514	343.357	436.971	–
1805	444.315	499.307	559.725	–
1806	568.640	450.628	670.633	–
1807	561.945	511.292	421.104	–

Dados das Balanças de Comércio do Reino, copilados por J. Jobson de Andrade Arruda. *O Brasil no comércio colonial. Op. cit.*

Segundo esses dados, entretanto, a produção paulista não se apresentava tão significativa. A pesquisa de Elizabeth Kusnezof, especificamente sobre São Paulo, traça um quadro mais otimista das exportações de açúcar a partir do porto de Santos, entre 1797 e 1807.[11]

---

11 Elizabeth Kuznesof. *Household Economy and Urban Development. São Paulo (1765-1836)*. Oxford: Westiew Press, 1986.

EXPORTAÇÕES DE AÇÚCAR PELO PORTO DE SANTOS

ANO	ARROBAS	ÍNDICE
1797	115 500	100
1807	183 660	160

Fonte: Elizabeth Kuznesof. *Household Economy and Urban Developmentt. São Paulo (1765-1836)*. Oxford: Westwiew Press, 1986.

O incremento da produção, no final do século XVIII, criou uma nova geografia açucareira do Brasil, em especial no Sudeste, onde estavam as "capitanias do Sul". Gradativamente, o açúcar foi imprimindo às terras e aos homens uma nova configuração, assentando as bases de um mundo de senhores e escravos que o café se encarregaria de consolidar.

A estimativa do número de engenhos existentes na colônia, no final do século XVIII, com base nos dados levantados por Caio Prado Jr. e articulados por Heitor Ferreira Lima, dá-nos uma ideia dessa nova configuração. Os cálculos apontam, para o Norte, um total de 806 engenhos, distribuídos por Paraíba (37); Pernambuco (296); Alagoas (73); Sergipe (140) e Bahia (260). No Sul, contaríamos com mais 1.000 unidades produtoras de açúcar e centenas de engenhocas de aguardente, com as maiores unidades na área do Rio de Janeiro. Espalhando-se pelos contornos da Guanabara (228), por Angra dos Reis e Ilha Grande (39), Cabo Frio (25) e Campos dos Goitacases (324), produziam considerável quantidade de açúcar, tornando o Rio de Janeiro o maior porto exportador do produto na colônia.[12]

---

12 Cf. José Jobson de Andrade Arruda. "A produção econômica", In: Maria Beatriz Nizza da Silva (org.). *O Império Luso-Brasileiro (1750-1822)*. Lisboa, Editorial Estampa, 1986, p. 95-102. Sobre o crescimento econômico

Do recôncavo da Guanabara, a produção exportadora expandiu-se para Campos dos Goitacases. Desde 1752, acalmadas as disputas dos herdeiros do Visconde de Asseca[13] e revertida a capitania para a Coroa, com o nome de Paraíba do Sul, novos engenhos de vários portes foram erguidos.

Em 1769, contavam-se em Campos 15 engenhos grandes, 41 engenhocas de açúcar e 9 de aguardente. Em 1777, registravam-se 29 novos engenhos de açúcar, e 77 engenhocas de açúcar e aguardente tinham sido construídas nos últimos oito anos. Um relatório de 1779 apontava que, entre grandes e pequenas, eram 177 as fábricas de açúcar,[14] e os dados de 1799 revelam que 324 engenhos de açúcar moíam

---

do Rio de Janeiro, veja-se João Luís Ribeiro Fragoso. *Homens de Grossa aventura*: acumulação e hierarquia na praça mercantil do Rio de Janeiro (1790 -1830). Rio de Janeiro: Arquivo Nacional, 1992.

13 A região de Campos dos Goitacases foi palco, por quase um século, de conflitos entre donatários, da família do Visconde de Asseca, sobre posse de terras, cobranças de foros, áreas e alçadas de jurisdição. Sobre o assunto, consultar: William F. Harrison. *A Struglle for Land in Colonial Brazil*: The Private Captaincy of Paraiba do Sul. Universidade do Novo México (Albuquerque), 1970; e Sílvia Hunold Lara. *Campos da violência. Op. cit.*, p. 129-30.

14 Relação dos engenhos e engenhocas de açúcar e aguardente que há no Distrito dos Campos dos Goitacases, Caixas de Açúcar e Pipas de Aguardente que cada um faz por ano, com o número de escravos, erigidos uns em terras próprias e outros em terras aforadas, até o ano de 1779, In: *Relações parciais apresentadas ao Marquês de Lavradio*.

em Campos, enquanto o número de engenhocas de aguardente caíra para quatro.[15]

O declínio da produção de aguardente em Campos e o crescimento da produção açucareira parecem indicar uma especialização regional. Coube às áreas de Cabo Frio, Baía de Guanabara, da Ilha Grande e de Paraty a manutenção da produção de aguardente.

Em São Paulo, o avanço da lavoura canavieira configurou áreas exportadoras no litoral e "serra acima". No litoral, destacavam-se Ubatuba, São Sebastião e Ilha Bela, com engenhocas produtoras, principalmente, de aguardente. Essas unidades – cerca de 70 em 1801 – eram subsidiárias do Rio de Janeiro, para onde vendiam sua produção.

Os governadores da capitania de São Paulo procuraram evitar esse comércio com o Rio de Janeiro. Em 1789, Bernardo José Lorena determinou que toda a exportação da capitania se fizesse pelo porto de Santos. A medida prejudicou a produção dos engenhos do litoral Norte. Em 1797, dos 25 engenhos contados em 1788 em São Sebastião, apenas seis estavam moendo; dos 14 de Ubatuba, restavam apenas cinco. Em 1798, Castro e Mendonça revogou a proibição e a produção voltou a crescer. No entanto, em 1803, Franca e Horta proibiu

---

15 "Mapa da total população do Distrito dos Campos dos Goitacases, de que é Mestre de Campo José Caetano de Barcelos Coutinho, em 30 de agosto de 1790", In: ANRJ. Códice 67, vol 25, fl. 187 e "Mapa da população, fábricas e escravaturas de que se compõem as diferentes freguesias da Vila se S. Salvador dos Campos dos Goitacazes, no ano de 1799", AIEB – Coleção Lamego – Cod. 19-69-A8; "Almanac Histórico da Cidade de São Sebastião do Rio de Janeiro, ano de 1799", RIHGB, 21(1858):174.

a exportação de aguardente e açúcar pelo Rio de Janeiro, atingindo duramente a produção açucareira da área litorânea.[16]

CAPITANIA DE SÃO PAULO — LITORAL NORTE
NÚMERO DE ENGENHOS

ANO	UBATUBA	SÃO SEBASTIÃO	ILHA BELA
1788	14	25	—
1797	5	13	16
1798	6	35	—
1801	12	37	20/16

Fonte: Maria Thereza S. Petrone. *A lavoura canavieira em São Paulo. Op. cit.*

Na área de Santos, conforme Mello Castro e Mendonça, havia no final do século XVIII 18 engenhos, que produziam cerca de 60 pipas de aguardente.[17] Um relato de 1805 faz referências a plantações de cana em Itanhaém, Iguape e Xiririca.[18] Alguma produção de aguardente era assinalada, na mesma época, em Paranaguá.

No planalto, a lavoura açucareira ocupou duas regiões: a do Vale do Paraíba, ao longo do caminho para o Rio de Janeiro, e o chamado "quadrilátero do açúcar", formado por Sorocaba,

---

16 Cf. Maria Thereza S. Petrone. *A lavoura canavieira em São Paulo. Op. cit.*, p. 21-35.

17 Antonio Manuel de Mello Castro e Mendonça. "Memória Econômica - Política da Capitania de São Paulo". *Anais do Museu Paulista*. São Paulo, (15), 1923.

18 Martim Francisco Ribeiro de Andrada. "Diário de uma Viagem Mineralógica pela Província de São Paulo, no ano de 1805". *Boletim Paulista de Geografia*. São Paulo, (18), 1954.

Piracicaba, Mogi Guaçu e Jundiaí. Outras áreas possuíam plantações de cana e engenhocas, mas sem produção significativa.

No Vale do Paraíba, a configuração da produção era semelhante à do litoral e vinculada ao Rio de Janeiro. Em 1798, contavam-se, em Guaratinguetá, 65 engenhos produzindo 7 038 arrobas de açúcar; em 1799 já eram 83 engenhos, com produção de 9 091 arrobas. Em Lorena, em 1798, 29 engenhos produziam 2 042 arrobas e, em 1798, eram 31 unidades, com 2 962 arrobas. O mesmo relatório apontava, em 1799, dois engenhos em Mogi das Cruzes, 56 em Jacareí, um em São Luís do Paraitinga, 7 em Cunha, 14 em Taubaté e 14 em Pindamonhangaba.[19]

Na área conhecida como quadrilátero do açúcar, destacavam-se Campinas e Itu, cujo volume de produção pode ser avaliado pelos quadros abaixo:

CAMPINAS — PRODUÇÃO

ANO	ENGENHOS	ARROBAS DE AÇÚCAR	CANADAS DE AGUARDENTE
1775	3		150
1798	37	15.139	460
1799	37	16.875	381
1818	60	100.000	

Fonte: Maria Thereza S. Petrone - *A lavoura canavieira em São Paulo. Op. cit.*

---

19 Cf. Maria Thereza S. Petrone. *A lavoura canavieira em São Paulo. Op. cit.*, p. 38-41.

ITU — PRODUÇÃO

ANO	ENGENHOS	ARROBAS DE AÇÚCAR
1797	–	50.000
1798	107	64.809
1799	113	73.506
1818	124	106.162

Fonte: Maria Thereza S. Petrone. *A lavoura canavieira em São Paulo. Op. cit.*

Na área de mineração, desde o início da exploração, registrou-se a presença de engenhos. Em 1706, erguia-se a primeira moenda, às margens do Rio das Velhas. Em 1739, na carta de sesmaria que se passou em favor de José da Silva Guimarães, do Arraial do Tejuco, há a referência sobre sua fazenda com seus engenhos, um de açúcar, outro de pilões e outro de mandioca. Os levantamentos de Miguel Costa Filho, a partir de cartas de sesmarias, aponta cerca de 50 engenhos nas Minas, até 1750.[20]

É preciso notar que o erguimento de engenhos, desde 1715 era desaconselhado pelas autoridades metropolitanas, que alegavam que

> À multiplicação deles se segue dano irreparável ao real Serviço, à Fazenda e ao sossego dos moradores de Minas, pelas inquietações que ocasiona nos negros esta bebida; e porque nos ditos engenhos se ocupa inumerável multidão de pessoas e que

---

20 Miguel Costa Filho. "Engenhos e produção de açúcar em Minas Gerais". *Revista de História da Economia Brasileira.* São Paulo, 1(1):42-50.

enquanto S. Majestade não toma resolução sobre esta matéria, se não consinta que se levantem mais engenhos.[21]

Apesar das proibições, a cana-de-açúcar cresceu em Minas Gerais desde o início da ocupação de seu território. No século XIX, seu cultivo estava espalhado e a produção provincial de açúcar, rapadura e cachaça parece ter sido muito grande.Viajantes e observadores notaram que os canaviais, engenhos e alambiques eram componentes usuais dos estabelecimentos rurais na maior parte da província. Em Minas, não havia um setor açucareiro: os engenhos, de acordo com os viajantes, na maior parte dos casos, eram engenhocas produtoras de rapadura e aguardente.[22]

Em Mato Grosso, em função da mineração, já no século XVIII proliferaram pequenos engenhos para produção de aguardente e rapadura. O avanço das monções encontrava dificuldades de abastecimento e requeria a instalação de unidades de produção para tal.

Gradativamente, a acumulação promovida pelo ouro permitiu a compra de terras e escravos e a consolidação desses engenhos, a produção ganhou alguma significação local e atraiu a atenção das autoridades metropolitanas. Para elas, esses engenhos eram inoportunos, pois faziam concorrência ao vinho e ao açúcar comercializados pelas companhias monopolistas. Foram editadas Cartas Régias para coibir o seu funcionamento

---

21 "Ordem de 18 de novembro de 1715, para o Governador de São Paulo e Minas, D. Brás Baltasar da Silveira". Citado por Miguel Costa Filho. *Op. cit.*
22 Cf. Roberto Borges Martins. *Growing in silence*: The Slave Economy of Nineteenth-Century Minas Gerais, Brazil..

e promover a destruição das fábricas. No entanto, como em Minas, os engenhos mato-grossenses persistiram, ocupando a região da Chapada e, depois, as margens do rio Cuiabá.[23]

No final do século XVIII, havia em Cuiabá 24 engenhos de aguardente; em Cuiabá e em Vila Bela, 13 de aguardente e 3 de açúcar e rapadura.[24] Ao longo do século XIX, a produção cresceu, e os engenhos passaram a atender aos mercados do Paraguai e da Bolívia.

O avanço da produção açucareira nas capitanias do Sul implicou em configurações fundiárias diversas. Nas áreas ocupadas pela produção escravista de exportação, predominaram as grandes unidades, com grandes plantéis de escravos, relações complexas de propriedade, de posse e de arrendamento, muitas vezes, com separação entre engenho e lavouras de cana. Já nas áreas dedicadas à produção escravista para consumo interno, principalmente de rapadura e aguardente, a ocupação correspondia a unidades menores, com menos escravos e sem a complexidade de hierarquia entre lavradores.

Em São Paulo, a análise da lista de proprietários dos bens rústicos, em confronto com os dados dos mapas de população, permitiu a Thereza Petrone correlacionar o tamanho das fazendas à sua produção, no final do século XVIII e no início do XIX. A maior fazenda tinha 10 125 000 braças quadradas e produziu,

---

23 Cf. Lucia Helena Gaeta Aleixo. *Vozes do silêncio*. Subordinação, resistência e trabalho escravo em Mato Grosso. São Paulo: FFLCH/USP, 1991, p. 100-4 (Tese de doutorado).

24 Cf. Virgílio Correa Filho. *História de Mato Grosso*. Rio de Janeiro: INL, 1969, p. 694.

no ano de 1818, 800 arrobas de açúcar. Já uma fazenda pequena, de 187 500 braças, produzia mais açúcar — 926 arrobas. Duas fazendas arroladas, cada uma com cerca de 1 400 000 braças produziam 3 000 arrobas.[25]

Assim, embora na produção escravista de exportação tenha sido usual a demanda por grandes extensões de terra, não se pode fazer, no caso de São Paulo, correlação direta entre tamanho da propriedade e produção do engenho. Com base apenas na frequência, Petrone considera, para as áreas de exportação, pequena propriedade canavieira aquelas de até 100 000 braças; média, a que possui área entre 100 000 até 2000 000 braças quadradas; grande propriedade, o verdadeiro latifúndio canavieiro, o que ultrapassasse meia légua em quadra.[26]

A pequena propriedade não era muito frequente na lavoura de cana. Para o sistema de cultura empregado, a pequena fazenda não devia apresentar terras suficientes, pois os métodos destrutivos acabavam com as matas, causando falta de lenha; a ausência de preocupação com a preservação das qualidades do solo tornava o canavial quase itinerante dentro da fazenda, exigindo a rotação de terras. Dessa maneira, a porcentagem de terras cultivadas deveria ser relativamente pequena, provavelmente próxima à que Tollenare observou para Pernambuco — para cada área de terra aproveitável na lavoura, havia 24 áreas do mesmo porte em pousio.[27]

---

25 Cf. Maria Thereza Schorer Petrone. *Op. cit.*

26 *Idem.*

27 Louis François de Tollenare. *Notas Dominicais. Op. cit.*, p. 57

Para as capitanias do Sul, devem ter vigorado os mesmos padrões de aproveitamento de solo; portanto, as necessidades quanto ao tamanho das terras continuaram sendo altas, na medida em que os melhoramentos de métodos agrícolas ou produtivos para maiores rendimentos foram raros e não conseguiram generalizar-se.

Tanto em São Paulo como no Rio de Janeiro, houve, com o tempo, tendência a fracionamento das propriedades maiores. Isso ocorreu quando a conjuntura favorável estimulou o aumento das lavouras e da produção. Nesses períodos, a incapacidade de moer mais cana dentro das condições técnicas do engenho (e, portanto, a impossibilidade de produzir mais açúcar) encontrou como saída a construção de mais engenhos e, consequentemente, a subdivisão da propriedade.

Nas áreas exportadoras de São Paulo e do Rio de Janeiro, o processo usual de ocupação foi a posse e estabelecimento de fazendas de cana e engenhos, para posterior requerimento da sesmaria. Muitas vezes passavam-se anos e mesmo gerações sem que o título legal fosse requerido, o que contribuía para a proliferação de conflitos e a ocorrência de usurpações violentas.

Thereza Petrone considera que, em São Paulo, era bastante rara a existência de lavradores de cana sem engenho. Todavia, a constatação de engenhos detentores de pequenas áreas, mas com produção comparativamente significativa, pode indicar a existência de terras ocupadas por pequenos produtores a moer cana em engenho alheio.

No Rio de Janeiro, tanto na Baixada como na região de Campos, a existência de lavradores de partido era mais frequente.

Pizarro e Araújo descreve o caso de um proprietário que dividiu a fazenda por considerar que o arrendamento em porções limitadas seria de maior proveito para seu engenho. Observa ainda que, em Campos, o arrendamento era comum.[28]

Cecília Helena de Salles Oliveira, estudando a configuração sócio-econômica da capitania do Rio de Janeiro, constatou a existência de engenhos que, com número proporcionalmente pequeno de escravos, produziam quantidades consideráveis de açúcar; eram unidades cujo fornecimento de cana era provido por foreiros.[29]

Em trabalho recente, Sheila Faria analisou o sistema de aluguel de terras na capitania de Paraíba do Sul, e constatou, no ano de 1785, 100 proprietários que arrendavam terras, indicando a extrema monopolização da área.[30] Como o passar do

---

28 José de Souza Azevedo Pizarro e Araújo. *Memórias Históricas do Rio de Janeiro*. Rio de Janeiro: Imprensa Nacional, 1945. Sheila Siqueira de Castro Faria. *A colônia em movimento*. Niterói, UFF, 1993 (Tese de doutorado) constatou grande número de arrendamentos e de lavradores de cana na Capitania de Paraíba do Sul. Analisando o inventário de Manoel Sobreira, do final do século xviii, observa que o "inventariado não se obrigava a nenhum engenho, já que moía suas canas em três engenhos diferentes. Era um produtor de cana livre como presumo que tenha sido a grande maioria dos fornecedores da região, durante o século xviii". Evidente que seja o fato, surge uma questão: por que moer em lugares diferentes? A conclusão mais provável é que, sendo a maioria dos engenhos da área de pequeno porte, não poderiam fazer todo o trabalho de um produtor de cana como Manoel e certamente eles teriam também suas canas para moer.

29 Cecília Helena Salles Oliveira. *A astúcia liberal*. Op. cit., p. 70.

30 Sheila Siqueira Faria. *A colônia em movimento*. Op. cit.

tempo, as fazendas de cana foram sendo obtidas por compra nas áreas mais antigas, enquanto nas fronteiras recentemente abertas predominavam as propriedades obtidas por posse ou sesmaria.[31]

Para Thereza Petrone, no início a rede fundiária do quadrilátero açucareiro foi formada por posse e obtenção de sesmaria; essa constatação aponta questões sobre a origem desse "surto" canavieiro. Em vez de aceitar a tese corrente de que os recursos para os engenhos paulistas teriam vindo maciçamente das Minas Gerais, a autora defende que os recursos que impulsionaram o ciclo eram originários da própria atividade. A lavoura canavieira paulista teria autofinanciado seu desenvolvimento, na medida em que, inicialmente, não houvera necessidade de empatar capitais com a terra ou com as instalações no engenho afinal, segundo as afirmações do Morgado Mateus, o nascente açúcar paulista era fabricado em engenhocas de pouco custo, sem as graves despesas dos engenhos antigos.

Também, no início, a facilidade para obter terras teria permitido a existência de lavradores de partido que recorriam a um engenho vizinho para moer cana. A organização da fazenda em terra obtida pela posse ou por sesmaria, instalações modestas e o pequeno número de escravos teriam possibilitado o desenvolvimento da cultura da cana-de-açúcar e o acúmulo de capitais que permitiram a expansão da atividade.[32]

---

31 A observação de Thereza Petrone é também constatada na área de Campos de Goitacases, como mostra a citada obra de Sheila Faria.

32 "Essa hipótese não exclui a vinda de alguns capitais de fora, das minas, por exemplo, e de outras atividades. Pelo que se pode concluir pela documentação, principalmente os Maços de População, poucos senhores de engenho

Nas capitanias do Sul, como já observamos, as técnicas agrícolas e de produção do açúcar continuaram primitivas, semelhantes às utilizadas no Nordeste, na mesma época. Embora os capitães generais, influenciados pelas ideias disseminadas no final do XVIII, insistissem na introdução do uso do arado, os instrumentos utilizados eram o machado, a foice e a enxada. O uso do estrume, para diminuir a rotação das terras, também não foi disseminado.[33]

As espécies cultivadas eram a cana miúda ou crioula e a cana caiena, sem o cuidado de selecionar as melhores variedades. No período colonial, predominou a cana crioula, pois a caiena, originária do Taiti chegou ao Rio somente em 1811.

Para preparar a terra, utilizava-se a antiga técnica da coivara, com derrubada e queimada das plantas do terreno. Após a limpeza do terreno, abriam-se as covas e plantavam-se pedaços

---

são oriundo das minas, o que parece indicar que pouco capital teria vindo de lá. Outras atividades, tais como o comércio, talvez tivessem fornecido algum capital para a economia canavieira. Gente enriquecida com o comércio ou com a arrematação da cobrança de rendas públicas, empregaria seu capital na organização de uma fazenda de cana. Antonio da Silva Prado, por exemplo, enriquecido com o comércio em Goiás, na Bahia e na própria Capitania de São Paulo e com a arrematação de contratos de cobrança de taxas, empregou uma parte do seu capital na organização de um engenho em Jundiaí." Maria Thereza S. Petrone. *Op. cit.*, p. 58

33 O Morgado de Mateus, com sua perspicácia e interesse pela promoção da agricultura itinerante, "queria que a população fosse "lavrando sempre a mesma terra, sem hir seguindo o matto". No final do "século XVIII, Mello Castro e Mendonça procurou difundir o uso do arado, mas não foi bemsucedido. O governador sugeriu, até, que a concessão de sesmarias fosse contingenciada ao uso de arado". *Idem, ibidem. Op. cit.*, p. 85-6.

de cana, de três ou quatro gomos, com cerca de quinze centímetros de comprimento, em sentido horizontal e com mais ou menos dez centímetros de cobertura de terra. Em São Paulo, plantava-se cana de novembro a abril, e a colheita era feita dezoito meses depois.

Esses canaviais produziam durante dois ou três anos seguidos, dependendo da fertilidade do solo; sendo o primeiro corte chamado de planta, o segundo, soca e o terceiro, ressoca. Em geral, depois de dois ou três cortes de um mesmo canavial, ele era arrancado e, conforme a fertilidade da terra, ou plantava-se novamente ou então se deixava descansar a terra. Relatos contemporâneos referem-se a seis anos como o tempo ideal de pousio.

Na região fluminense, a cultura da cana beneficiou-se principalmente dos magníficos solos de aluvião da área de Campos, que permitiram um aproveitamento maior que as terras do recôncavo da Guanabara.[34]

Em São Paulo, no litoral, a cana desenvolveu-se nas planícies costeiras com solos de sedimentação e decomposição de rochas cristalinas. No planalto, destacavam-se as terras pretas ou massapés dos arredores de Itu e as terras vermelho-escuras de Campinas.[35]

Nas áreas produtoras para exportação, como Campos e o quadrilátero paulista, os engenhos movidos a água foram mais frequentes, embora, como indicam os inventários analisados por

---

34 Veja-se Renato da Silveira Mendes. *As paisagens culturais da Baixada Fluminense*. São Paulo: FFCLH/USP, 1950.

35 Observações de Auguste de Saint-Hilaire. *Viagem à Província de São Paulo* (1839). São Paulo: Itatiaia/Edusp, 1976. Veja-se Maria Thereza S. Petrone. *Op. cit.*, p. 91.

Sheila Faria, predominassem os movidos a tração animal.³⁶ Já nas áreas produtoras de aguardente e rapadura, engenhos pouco aparelhados eram a regra. Sem dúvida, a pequeno número de engenhos d'água deve-se ao seu alto custo e ao caráter autocumulativo dessa economia.³⁷ No caso do Nordeste, os grandes engenhos eram resultado da associação dos recursos dos fazendeiros e de cabedais de comerciantes de grande porte, quer por empréstimos, quer por investimento.

Maria Thereza S. Petrone refere-se a um contrato para a construção de um engenho d'água, em 1815, em Campinas. O preço total, a ser pago em três vezes, era de 900$000 réis, com entrega do serviço em 15 meses. O "Relatório das Manufaturas de Guaratinguetá", área de produção menor, aponta o valor de todos os engenhos da área, variando entre 50$000 e 300$000 réis. O relatório mostra a baixa produção dessas unidades, o que, aliado à constante referência a juntas de bois, indica tratarem-se de moendas de tração animal.³⁸ Para efeitos de comparação, no século XVII, as estimativas estabelecem em 10 000 cruzados (4 000$000 réis) o montante de moendas e cobres de

---

36 Analisando o inventário de Manoel Sobreira e constatando ter ele moído em vários engenhos, Sheila Faria observa que a "conclusão mais provável é que sendo a maioria dos engenhos da área de pequeno porte não poderiam fazer todo o trabalho de um produtor de cana como Manoel e, certamente, eles teriam também suas canas para moer. Trabalho vagaroso para moendas movidas à força animal, de escravos ou de gado. Raríssimos eram os engenhos classificados como reais, na área" Sheila Siqueira de Castro Faria. *A colônia em movimento. Op. cit.*, p. 232.

37 Cf. Maria Thereza S. Petrone. *Op. cit,* p. 97.

38 *Idem.*

um engenho de grande porte, (capaz de moer 10 000 arrobas por ano).[39]

Os relatos e os poucos vestígios deixados pelos engenhos paulistas apontam para um programa simples, com as instalações concentradas em uma única área. Assim, teria perdurado na região o sistema utilizado pelos primeiros cultivadores de cana-de-açúcar no Mediterrâneo e nas ilhas do Atlântico. No caso de São Paulo, faltam vestígios na área do quadrilátero, devido à pequena duração do ciclo e à posterior utilização para o café.

Novas pesquisas sobre detalhes dos engenhos no Sudeste poderiam esclarecer melhor questões ligadas ao padrão cultural da sociedade açucareira na região. De acordo com Esterzilda B. de Azevedo, a análise das unidades produtivas deve levar em conta a hierarquização das construções, expressas por tamanho, materiais e tratamento das casas-grandes e capelas, em contraste, com as demais construções.[40]

Em Minas, como observou Burton, os engenhos eram bastante atrasados, a maior parte acionada por bois; durante a primeira metade do século XIX, ainda foram empregados cilindros verticais, feitos de madeira. O primeiro engenho com cilindros horizontais, revestidos de ferro, foi instalado em meados do século XIX. Posteriormente, observou-se que as antigas moendas de madeira eram consideradas obsoletas, mas não haviam desaparecido.[41]

---

39 Cf. Vera Lucia Amaral Ferlini. *Terra, trabalho e poder*. Op. cit., p. 157-9.

40 Esterzilda Berenstein de Azevedo. *Arquitetura do açúcar*. São Paulo: Nobel, 1990, p. 96.

41 Cf. Roberto Borges Martins. Op. cit.; e Miguel Costa Filho. Op. cit.

Os engenhos mineiros não tinham de ser eficientes porque não competiam com ninguém, nem uns com outros. A produção de açúcar era consumida localmente ou vendida para os povoados e cidades vizinhas.

Da mesma forma, em Mato Grosso, as fábricas eram movidas predominantemente por tração animal e aparelhadas com moendas simples.[42] Do que apontamos até aqui, é possível perceber a nítida relação entre a grande lavoura canavieira e a utilização de escravos negros nas capitanias do Sul. Embora, nos primeiros tempos, os engenhos da capitania de São Vicente e de São Tomé tenham utilizado indígenas, a grande lavoura canavieira dos setecentos fundamentou-se na mão-de-obra escrava africana, incrementada pelo vigor do tráfico no porto do Rio de Janeiro, desde o final do século XVII. De início, voltada para a produção de aguardente, moeda de troca de negros em Angola, a cana cresceu depois para a produção açucareira de exportação, ocupando os Campos de Goitacases e, em São Paulo, as terras do planalto. A dinâmica da produção para o tráfico viabilizava o surgimento, o crescimento e a manutenção de engenhos além de abrir perspectiva de produção açucareira para o mercado externo, em função da abundância da escravaria.

De certa maneira, podemos afirmar que, no caso do Rio de Janeiro, o tráfico criou o açúcar, incrementando sua dinâmica econômica desde o final do XVII. Cana para aguardente, aguardente para escravos, escravos para a cana e para a mineração

---

42 Cf. Lucia Helena Gaeta Aleixo. *Op. cit.*

– a produção açucareira fluminense inseriu-se num esquema bastante próximo da auto-estimulação.

Quais as necessidades concretas de escravos dessa produção? As pesquisas relativas às áreas açucareiras de Campos, Guanabara e São Paulo indicam, no geral, plantéis menores que os da Bahia. As "Relações Parciaes apresentadas ao Marquez de Lavradio" em 1778 registram, para o Rio de Janeiro, 109 propriedades, com uma média de 39 escravos por propriedade, sendo mais frequentes os plantéis de 30 escravos.[43] Em São Paulo, em 1804, o número médio de escravos por unidade açucareira girava em torno de 30, com maior frequência para as propriedades de 15 cativos.[44]

Há que se ressalvar que, no caso de Campos, em 1778, a produção não atingira níveis semelhantes à de áreas nordestinas e que São Paulo, em 1804, exportava pouco mais de 150.000 arrobas de açúcar. Se os plantéis eram menores, devemos lembrar que, apesar da importância do açúcar nas capitanias do Sul, a partir do final do século XVIII a produção esteve ligada geralmente a pequenas e médias unidades de produção, quando comparadas à Bahia, por exemplo.[45] De qualquer maneira, de acordo com os dados disponíveis em São Paulo, o número

---

43 Stuart Schwartz. "Padrões de propriedade de escravos nas Américas: novas evidências para o Brasil". *Estudos Econômicos*. São Paulo, 13(1):259-287, 1983.

44 Francisco Vidal Luna e Iraci del Nero da Costa. Posse de escravos em São Paulo no início do século XIX. *Estudos Econômicos*. São Paulo, 13(1):211-222, 1983

45 Stuart Schwartz. *Padrões de propriedade de escravos nas Américas: novas evidências para o Brasil. Op. cit.* Não obstante, o autor aponta que o número real de escravos por engenho estava abaixo das observações dos cronistas dos séculos XVII e XVIII, situando-se em torno de 65.

de escravos, por unidade e por produção, era baixo e resultaria em produtividade alta. Saint Hilaire, observando Campinas em 1819, refere-se a fazendas que com cerca de 20 escravos podiam preparar 2.000 arrobas de açúcar. No caso de Potribu, entre São Paulo e Itu, Saint Hilaire contava que o fazendeiro, fabricara 1.000 arrobas com 7 escravos. A produtividade por escravo, segundo o autor, era bastante alta em São Paulo.[46]

Não ocorria, porém, uma correlação direta entre número de escravos por unidade e produção do engenho. Thereza Petrone notou ser possível encontrar número excessivo de escravos e produção escassa. Segundo ela, isso ocorria quando a fazenda estava em fase de instalação. A correlação muitas vezes não era encontrada em fazendas já formadas, com muito escravos e pouco açúcar, mas é preciso lembrar que elas não se dedicavam apenas ao açúcar, pois preservavam a produção de mantimentos.

O número de escravos nas fazendas de cana variava segundo a importância do engenho, de uma dezena até mais de uma centena de cativos. Nos engenhos de Guaratinguetá, em 1825, registravam-se de um a 45 escravos, mas eram engenhos pequenos de produção insignificante. Nos engenhos de Campinas, encontramos, em 1816, escravaria mais abundante: de 1 a 83 escravos. O engenho com 83 escravos produzia 500 arrobas; o que contava com apenas 1 escravo, produzia dez canadas de aguardente.

---

46 Thereza Petrone acrescenta que "Wied, visitando uma fazenda de cana nos arredores de Maricá, em 1815, obteve do fazendeiro a informação de que com vinte escravos se obtinham anualmente cerca de 600 arrobas de açúcar". *Op. cit.*, p. 111.

Outro engenho, que produzia 2.262 arrobas e 200 canadas de aguardente, tinha 39 escravos, sendo cinco crianças.[47]

Para a região de Campos de Goitacases, no final do século XVIII, a comparação entre a distribuição geográfica dos engenhos e a da população escrava indica que nas áreas de ocupação mais recente os engenhos eram maiores e era maior a concentração escrava. Contudo, os grandes engenhos eram raros na região – e tudo indica que ainda mais raros que na Bahia, onde Stuart Schwartz aponta que as grandes fábricas detinham apenas 17% da escravaria –, sendo que em 1777 apenas 31 moíam cana de outros lavradores. A "Relação do Marquês de Lavradio", de 1779, aponta que, dos 159 engenhos correntes, apenas cinco possuíam mais de 100 escravos e outras cinco ficavam na faixa de 50 a 100 escravos. As demais fábricas contavam com menos de 50 escravos cada – média de 15 escravos e mediana de 13 escravos por unidade.[48]

Devemos levar em conta, ainda, que tanto em Campos como em São Paulo nem todos os escravos estavam diretamente relacionados à produtividade açucareira, pois muitos eram ocupados nos currais, nas olarias, tanoarias etc.

Não há relatos circunstanciados sobre os serviços dos engenhos, para as capitanias do Sul, no período colonial; no entanto, dados obtidos em relatórios, processos-crime etc. indicam que, num padrão semelhante ao observado para a Bahia no final do XVIII, a mão-de obra livre restringia-se às funções de chefia de

---

47 *Idem, ibidem.*
48 Cf. Sílvia Lara. *Campos da violência. Op. cit.*, p. 138.

alguns setores do processo do açúcar: mestre de açúcar, ajudante, purgador, caixeiro e feitor.[49]

Certamente, o açúcar levou a uma concentração de escravos até então desconhecida nas áreas de Campos, Rio de Janeiro e São Paulo, em finais do século XVIII. Estimativas de 1789 mostram que a capitania do Rio de Janeiro alcançava 168.709 habitantes, dos quais 82.448 eram escravos – 48,9% do total. No início do século XIX, Saint Hilaire visitou a região (1816) e indicou 14 560 livres e 17 537 escravos em Campos, ou seja, 54,4% de escravos.[50] Em São Paulo, em 1813 a proporção entre escravos e pessoas livres era menor: de um total de 160 969 habitantes, contavam-se 48 245 escravos. Nesse caso, os cativos representavam 28,6% da população (Em 1836, a proporção aumentara para 36,4% de cativos no total da população).[51]

Outro elemento importante para avaliar o perfil da população escrava da área é a alta concentração de africanos entre os cativos. Para São Paulo, Thereza Petrone baseou-se principalmente nos "Maços de População" do século XIX, que registram a predominância de africanos sobre crioulos. Os dados apontam na mesma direção das pesquisas de Sheila Faria para Campos, onde a

---

49 Relações Parciaes apresentadas ao Marquez de Lavradio (1778). RIHGB, 76: 289-360, 1913. Cf. Stuart Schwartz. Padrões de propriedade de escravos. *Op. cit.*, p. 266. Os dados referentes a São Paulo são de Suely Robles Reis de Queiroz. Algumas notas sobre a lavoura de açúcar em São Paulo no período colonial. *Anais do Museu Paulista*, 21:109-277, 1967.

50 Auguste de Saint-Hilaire. *Viagem pelo Distrito dos Diamantes e Litoral do Brasil* (1833). Trad. port. São Paulo: Itatiaia/Edusp, 1974, p. 202.

51 Cf. Maria Thereza S. Petrone. *Op. cit.*, p. 110, a partir de dados de W. C. Eschwege.

população crioula tinha alguma expressão nas áreas mais antigas, mas os africanos eram mais numerosos nas áreas recentes.[52]

Além da predominância de africanos, em ambas as áreas constata-se a superioridade dos plantéis masculinos. Os dados de 1804 mostram que, em Campinas, 65% dos cativos eram homens e em Itu, 60%; a proporção média na capitania era de 50%.[53] No caso de Campos, os dados coletados a partir de inventários, para todo o século XVIII, permitem perceber que, entre os africanos, havia nítida preponderância masculina, enquanto entre os crioulos a proporção era de praticamente 50%.[54]

A necessidade de uma reprodução ampliada e não vegetativa da mão-de-obra escrava produziu um grande fluxo de africanos em direção às áreas dinâmicas ou em processo de ocupação agro-exportadora. Ao despejar constantemente mais homens que mulheres, o tráfico dificultou, para os homens, a formação regular de famílias.

Outro dado importante é a presença, em ambas as regiões de elevado número de crianças, com até 13 anos. Em Campos, nas propriedades com até 15 escravos, observa-se 24,9% de crianças, nas com mais de 15 escravos, 26,2%.[55] Em São Paulo, em 1804, cerca de 30% da população escrava era composta por crianças com até 14 anos; sendo que no quadrilátero do açúcar, a porcentagem variava de 21,5% (Itu) a 28% (Campinas), no Vale do

---

52 Sheila Faria. *Op. cit.*, p. 230.

53 Cf. Francisco Vidal Luna e Iraci del Nero da Costa. *Posse de escravos em São Paulo no início do século XIX. Op. cit.*, p. 211-22.

54 Sheila Faria. *Op. cit.*, p. 296.

55 *Idem*.

Paraíba entre 29,9% (Guaratinguetá) e 39,8% (Jacareí), no litoral (São Sebastião) 32,5%. Em Curitiba, onde não se registrava produção açucareira, a proporção era de 41,9% de crianças.[56]

As pesquisas ainda não nos fornecem um quadro abrangente da situação dos escravos nas áreas açucareiras do Sul, mas parecem indicar que os padrões não diferiam de outras regiões de grande lavoura, como a Bahia, em termos de razão de masculinidade, origem e população infantil. No que se refere ao número de escravos nas unidades açucareiras, faz-se necessário um levantamento detalhado que compare produção e plantéis, nos moldes levantados para a Bahia.

A análise das grandes propriedades açucareiras do Sul, no final do século XVIII e início do XIX, permite repensar questões fundamentais do escravismo e, principalmente, resgatar o escravo enquanto agente histórico. Já em 1968, Maria Thereza Petrone havia indicado o nível de tensão existente, em São Paulo, com a disseminação do uso de escravos africanos, deixando entrever como os cativos resistiam e lutavam por sua liberdade e revelando sua posição de agentes da história, participantes do processo. A autora conta que em 1821, um ofício de Porto Feliz (quadrilátero do açúcar) relatava o potencial rebelde da população escrava da área: "conversam quotidianamente na dureza de sua sorte, protestam dissipar-nos e cantam hinos de liberdade".[57]

Em 1977, Suely Robles Reis de Queiroz mostra as tensões provocadas pelo escravismo no século XIX em São Paulo,

---

56 Francisco Vidal Luna e Iraci del Nero da Costa. *Posse de escravos em São Paulo no início do século XIX. Op. cit.*, p. 211-22.

57 Maria Thereza S. Petrone. *Op. cit.*, p. 122.

refutando, com sua pesquisa, a tese da acomodação e passividade dos escravos.[58]

Nas lavouras fluminenses, tem sido possível resgatar historicamente o trajeto de escravos. O trabalho de Sílvia Lara desnuda a violência das relações escravo/senhor, mostrando que, quando foi possível, os cativos compuseram sua identidade social à revelia dos senhores.[59] Faltam, todavia, para São Paulo e para o recôncavo da Guanabara, no âmbito da produção açucareira colonial, estudos mais minuciosos como os de Sílvia Lara e de Sheila Farias, que possam reconstituir a diversidade da sociedade escravista.

Quais os padrões sociais e econômicos dos senhores do açúcar nas capitanias do Sul? As pesquisas apontam menor concentração de riqueza que a classicamente atribuída aos senhores do Nordeste. No entanto, a análise da propriedade de escravos na Bahia, conforme Stuart Schwartz estudou, indica que mesmo os grandes engenhos possuíam plantéis mais modestos do que os generalizados pela crônica do XVII e do XVIII. Dessa maneira, é preciso que novas pesquisas relacionem, além dos dados relativos a escravos, o sistema de propriedade da terra, as relações fundiárias e os índices de produção, além de aprofundar aspectos do funcionamento dos engenhos, dos mecanismos de mercado e do movimento dos preços na região; somente assim se poderá delinear o perfil dessa sociedade escravista.

---

58 Suely Robles Reis de Queiroz. *Escravidão negra em São Paulo. Um estudo das tensões provocadas pelo escravismo no século XIX*. Rio de Janeiro: José Olympio, 1977.

59 Sílvia Hunold Lara. *Campos da violência*. *Op. cit.* Observações de Sheila Farias. *Op. cit.*

De acordo com as pesquisas conhecidas, é possivel dizer que os padrões senhoriais na lavoura açucareira do sul diferenciaram-se em função da maior ou menor integração ao mercado exportador, da existência ou não de uma hierarquia de senhores e lavradores de cana e da persistência ou não da produção. Em Campos, onde a economia açucareira esteve firmemente voltada para a exportação, houve muitos lavradores de partido e firmou-se uma sociedade nos moldes aristocráticos, como a do Nordeste.

Em áreas como o Vale do Paraíba e o litoral norte da capitania de São Paulo, a produção açucareira estava voltada para mercado interno, organizada em pequenas unidades e, portanto, sem a hierarquização entre diversos tipos de senhores; por isso, poder-se-ia encontrar padrões culturais menos aristocráticos e maior flexibilidade no relacionamento entre senhores e escravos. Entretanto, já estamos no campo de hipóteses para pesquisas, e tal suposição refere-se às unidades e à época em que se cultivou cana, pois, no caso do Vale do Paraíba, o café rapidamente tornou-se hegemônico, marcando a paisagem social da área com a imagem dos "barões".

A sociedade senhorial do quadrilátero do açúcar oferece problemas instigantes. Nessa área, como se expôs, a grande lavoura de exportação açucareira vigorou, até meados do século XIX. As pesquisas que tratam das relações fundiárias e do fornecimento de canas afirmam que foi extremamente rara a existência de lavradores de cana. Em primeiro lugar, é necessário entender por que tal parceria, sempre vantajosa para os donos de engenho, não teria ocorrido. E em seguida, caso se confirme sua ausência, é preciso analisar o reflexo dessa simplificação do mundo dos senhores do açúcar, na configuração social.

O MITO DO LATIFÚNDIO

O final do século XVIII e os trinta primeiros anos do XIX constituem, para o Brasil, um período crucial, com a busca de um novo padrão político, nos moldes do liberalismo nascente, desatando-se os vínculos do antigo sistema colonial.[1] Num momento de prosperidade econômica, possibilitada pela inserção da produção em um mercado industrial emergente, ocorrem profundas transformações e agitações – 1780-1830 – relacionadas às mudanças ocorridas na terra, tanto no âmbito das estruturas fundiárias e agrárias como no âmbito das articulações sociais entre grandes proprietários e pobres livres. Com a consolidação de uma elite colonial capaz de estruturar um projeto político e articular as bases do Estado Nacional, a questão da propriedade

---

1   Veja-se José Jobson de Andrade Arruda. "Decadência ou crise o Império Luso Brasileiro: O novo padrão de colonização do século XVIII". In: Manuel Correia de Andrade (org.). *Brasil 1701-1824*. Recife: Fundação Joaquim Nabuco/Massangana, 1999, p. 95-118; "O sentido da colônia: revisitando a crise do sistema colonial". In: José Tengarrinha (org.). *História de Portugal*. Bauru/São Paulo: Edusc/Unesp, 2000, p. 167-86.

e das populações livres pobres assume extrema importância, evidenciada tanto no aumento das demandas como na específica legislação que normatiza a questão, culminando com a suspensão definitiva das concessões sesmariais.[2] O estudo cuidadoso dessas alterações elucida aspectos dessas estruturas e aponta para a necessidade de revisar conceitos consagrados na historiografia.

Estes elementos são fundamentais, na medida em que a configuração nacional que emergiu do processo de Independência resultou na dominação da elite proprietária e escravista, excluindo, do plano político, as parcelas livres pobres, perpetuando a hegemonia da grande propriedade.

Desde as últimas décadas do século anterior, os conflitos envolvendo demandas de terras, ocupadas pelas atividades dos pequenos produtores não escravistas, dava visibilidade a segmentos sociais cada vez mais incômodos aos grupos tradicionais dominantes. Era o momento em que os pobres livres emergiam no cenário político, fosse como coadjuvantes de revoltas ou como sujeitos eles próprios dos levantes; foram alvo de ações repressoras ativadas ou reivindicadas pelas elites. Contra eles, ergue-se o Império, organizando corpos de repressão e cooptação, como a Guarda Nacional, e encaminhando o enquadramento da terra no regime de propriedade privada, desqualificando e criminalizando a apropriação de terras pelo uso. Evidenciavam-se tensões que, sem dúvida, seriam componentes importantes das ações das elites no século XIX.

---

2   Sobre o assunto, ver Lígia Osório Silva. *Terras devolutas e latifúndio*. Campinas: Editora da Unicamp, 1996, p. 57-75.

Parte-se, então, do pressuposto de que a grande propriedade escravista e exportadora do século XIX inscreve-se num novo padrão de relações fundiárias e de estrutura agrária, marcada por uma forte racionalidade capitalista.³ Ao enquadrar o escravismo em novos padrões de controle e produtividade, a elite agrária não mais suportava a existência de pobres livres cada vez mais refratários a esses padrões.⁴

As condições específicas da colonização, durante três séculos, haviam gerado um complexo padrão fundiário e social que possibilitara a coexistência da grande exploração, de pequenos proprietários escravistas e de pequenos produtores não escravistas. A estrutura fundiária era muito mais complexa que a grande propriedade monocultora e escravista; embora o escravismo fosse o padrão produtivo e social dominante, a sociedade continha outras formas de trabalho e de inserção.

As pesquisas dos últimos vinte anos têm demonstrado que, entre os séculos XVII e XVIII, a grande exploração escravista articulou-se num amplo quadro de relações com pequenos proprietários, arrendatários e posseiros que garantiam a elasticidade do sistema, o fornecimento de matéria-prima (no caso dos engenhos), o aprovisionamento de víveres e a defesa local ou

---

3 Analisando o período de 1780-1830, na ótica da estruturação de um novo patamar de colonização, José Jobson Arruda, aponta que o "novo modelo não rompe visceralmente com o anterior. Reforça os liames entre a metrópole e a côlonia e, de certa forma, antecipa as tendências que seriam dominantes na segunda metade do século XIX, no quadro do neocolonialismo". "O Sentido da Colônia". *Op. cit.*, p. 255.

4 Ver para o Rio de Janeiro, a análise de Cecília Helena L. Salles Oliveira. "A dinâmica do mercado". In: *A astúcia liberal. Op. cit.*, p. 60-107.

colonial. Nas regiões açucareiras, como já estudaram Schwartz, Ferlini, Palácios, Teixeira da Silva e Faria, as relações entre senhores de engenhos e lavradores de cana revelam a convivência da grande exploração do engenho com o fracionamento jurídico das terras, demonstrando-nos a relatividade do conceito de latifúndio para a apreensão da realidade fundiária.[5] A concentração fundiária revelava-se principalmente nos momentos de preços negativos, quando a parceria dos lavradores não se fazia necessária e a inviabilidade de continuarem suas lavouras de cana revertia as terras aos engenhos. Essa mesma dinâmica permitia que terras fossem arrendadas e vendidas para lavradores de mandioca e outros gêneros de subsistência, e que pobres livres se apossassem de terras marginais. Nessa situação, o equilíbrio social dependia da construção de laços de solidariedade e dependência que pudessem amenizar e absorver as tensões.

O avanço das pesquisas que destacam a existência de parcelas significativas da população dedicadas à pequena exploração escravista ou à exploração não-escravista revela a ambiguidade das largas apropriações de terra a partir de concessões de sesmarias. Nas áreas de agricultura de exportação, especialmente no caso do açúcar, esses domínios tenderam ao parcelamento, por venda, ou arrendamento. Nesses casos, em épocas de expansão da produção,

---

5 Stuart Schwartz. "Free Labor in a Slavery Society". In: Dauril Alden. *Colonial Roots of Modern Brazil* e *Segredos internos*. São Paulo: Companhia das Letras, 1988; Vera Lucia Amaral Ferlini. *Terra, trabalho e poder. Op. cit.*; Francisco Carlos Teixeira da Silva. *A morfologia da escassez*: crises de subsistência e política econômica no Brasil Colônia. Niterói: UFF (tese de doutorado), 1990; Sheila Siqueira de Castro Faria. *A colônia em movimento*. Niterói: UFF, 1993.

o latifúndio existia apenas como configuração econômica, a partir da centralidade do engenho, uma vez que a terra estava juridicamente parcelada numa miríade de pequenas explorações. Em áreas menos inseridas na agricultura de exportação, ou a demanda por doações era mínima, ou, mesmo com as terras doadas, tolerava-se a permanência de pobres livres, dedicados a roças – a sesmaria permanece como base potencial do latifúndio.

Se nos fixarmos especificamente no caso do açúcar, a dinâmica das relações entre senhores e lavradores de cana evidencia a fragilidade das teses que apontam o latifúndio como elemento racional da exploração mercantil escravista, estruturado pela necessidade de largos cabedais para o desmatamento, trato das lavouras etc.[6] O interesse mercantil, a lógica do capital comercial, configurou a grande unidade manufatureira, o engenho, como elo entre a produção e o mercado.[7] O que as pesquisas demonstram para os três primeiros séculos de nossa história é essa possibilidade (e, de certa maneira, necessidade) de que a grande produção, articulada pelo engenho, se desse, tendencialmente pela agregação da produção de lavradores de cana, a maior parte deles pequenos proprietários de escravos e cultivadores de poucas tarefas.[8]

---

6   Cf. Caio Prado Jr. *Formação do Brasil Contemporâneo. Op. cit.*

7   Vera Lucia Amaral Ferlini. *Terra, trabalho e poder. Op. cit.*

8   Para o Rio de Janeiro, Cecília Helena Salles de Oliveira constatou que "a concentração da propriedade adquiriu, entrentanto, feições bastante diversificadas. Ou seja, não foi necessariamente por intermédio da organização ou remodelação de latifúndios que esse movimento se manifestou. No Vale do Paraíba, a ocupação da terra e a formação das propriedades foram marcadas pelo predomínio de vastas extensões pertencentes ora a negociantes mineiros, ora a negociantes e proprietários abastados da cida-

As grandes doações de terras, especialmente aquelas do sertão — as áreas de criação de gado, que permaneceram indivisas, atendiam às específicas necessidades de mover o gado e do avanço do colonizador sobre terras dos índios. No entantno, salvo o caso das populações indígenas, não há evidências de que esses domínios excluíssem ou impedissem a exploração por posseiros.

O latifúndio não correspondia a uma racionalidade intrínseca da exploração mercantil das colônias e, na prática, existia como potencialidade; nos primeiros séculos, conviveu e exigiu a contribuição da pequena exploração. Por que, então, cristalizá-lo, na historiografia, como naturalidade, como destino manifesto

---

de do Rio de Janeiro. Nesse caso, a política de concessão de sesmarias empregada por D. João e pelos membros do governo português, após 1808, possibilitou, na área, o fortalecimento de uma forma de exploração da terra já esboçada desde as últimas décadas do século XVIII. [...] No Vale do Paraíba, principalmente nas áreas próximas ao sul de Minas e à comarca do rio das Mortes, formou-se um grupo de proprietários cujas atividades estavam voltadas para a produção e comercialização de gêneros de primeira necessidade que abasteciam o mercado carioca. Esse grupo, nas primeiras décadas do século XIX, constituiu-se numa das forças políticas que compuseram o jogo de poder e de pressões em torno do governo de D. João e, depois, de D. Pedro. Atuou no sentido de obter espaços comerciais e políticos cada vez maiores, conquistando terras, títulos e prestígio. Entretanto, a aparência assumida pela concentração da propriedade da terra no recôncavo da Guanabara e em Campos de Goitacazes foi diferente. Os dados contidos nos Relatórios dos vice-reis, as discriminações de propriedades rurais feitas pelos mestres-de-campo dos distritos de ordenanças e milícias em 1778 e as descrições de viajantes que estiveram no Rio de Janeiro no início do século XIX revelaram a presença predominante de pequenas e médias propriedades exploradas pelos próprios donos, assim como por rendeiros e foreiros". *Op. cit.*, p. 67.

e indissolúvel do capital mercantil? Nesse sentido, a análise do período pode evidenciar aspectos importantes dessa mitificação do latifúndio como realidade imutável desde a colônia, como solução moderna, dentro de uma racionalidade econômica inscrita já no início da ocupação.

Estaríamos, também, frente a um mito fundador, dentro do processo que, no século XIX, "inventa" a colônia, dentro da visão que interessava às elites. O latifúndio, que realmente se cristalizou, pela inviabilização da produção e expulsão dos segmentos de pobres livres, aparece não como um processo de que essa elite é o agente, mas como um pecado original, legado pelo processo de colonização portuguesa. Ao mesmo tempo, no século XIX avançava a concentração fundiária, possibilitando a formação de imensas propriedades, como reservas de capital e de poder.[9] Varnhagen acentuava a apropriação de grandes parcelas de terra como um vício do processo de ocupação pelos portugueses, nos séculos anteriores.

A hipótese central é de que o latifúndio excludente como célula articuladora da estrutura fundiária e da produção agrária tem sua cristalização inscrita no processo de desagregação do antigo sistema colonial, de inserção de nossa produção exportadora às determinações do mercado mundial que a Revolução

---

9 Veja-se o minucioso trabalho de Maria do Amparo Albuquerque Aguiar, sobre a apropriação de terras, em Goiás, no século XIX. *Terras de Goiás*. Goiânia: Editora UFG, 2003.

Industrial exigia, ou seja, dentro de um novo patamar colonial, como bem sugeriu Arruda.[10]

A diversificação agrícola que marca o final do século XVIII denota esse reenquadramento da produção do Brasil e sugere a potencialidade e a expansão da produção de exportação. A demanda por terras é notável em muitas capitanias, evidenciada tanto pelo aumento das áreas cultivadas, atestado nos documentos, pelo aumento das exportações e dos litígios relativos a legitimações de posse, demarcações de sesmarias etc.[11]

---

10 José Jobson de Andrade Arruda. *O Brasil no comércio colonial. Op. cit.*, e "O elo perdido: a economia brasileira entre 1780 e 1830". In: Tamás Smereczanyi (org). *A economia colonial.* São Paulo: Hucitec, 1996.

11 O renascimento agrícola do final do século XVIII gerou um surto de querela entre sesmeiros e posseiros e entre ambos e a autoridade colonial, de forma que em 1795 o Conselho Ultramarino baixava um alvará buscando regular a questão. O dispositivo assinalava que "alarmado com os abusos, irregularidades e desordens que têm grassado e estão e vão grassando em todo o Estado do Brasil sobre a matéria das sesmarias, estabelecia-se o regimento para por ele se processarem e regularem as cartas de medição e demarcação de sesmarias". Recomendava-se evitar doar terras já ocupadas por moradores, para prevenir a ocorrência de novos conflitos. Seu efeito era retroativo e estabelecia que o pleno domínio da terra só seria definido após a demarcação, não podendo ser solicitada a confirmação antes do cumprimento dessa exigência. A fiscalização e a demarcação passaram a ser tarefas das Câmaras. As dificuldades na aplicação da lei levaram à suspensão do alvará já em 1796. Em 1809, já instalado aqui o governo, D. João baixou novo alvará, que ordenava não se passar carta de concessão ou de confirmação de sesmaria sem que primeiro houvesse medição judicial julgada por sentença passada em julgado.

Insisto aqui na ideia de que o latifúndio como entidade totalizadora, tal qual consagrado pela historiografia nasce nessa época e se cristaliza ao longo do século XIX, com a exclusão da articulação entre a grande exploração e os pequenos cultivos, eliminando os pequenos produtores ou incluindo-os, como agregados. Em suma, é o início do cativeiro da terra, dentro do processo de absolutização da propriedade fundiária.

A partir dessa hipótese, devemos fazer duas trajetórias de investigação. A primeira refere-se ao processo histórico que transformou o latifúndio potencialmente determinado pela sesmaria, já nos primeiros séculos, em realidade fundamental do cenário agrário e fundiário do Brasil no século XIX. A segunda trajetória corresponde à investigação de como o latifúndio cristalizado no século XIX constituiu-se em realidade niveladora do passado colonial, de como erigiu-se em mito explicador da história do Brasil, uma espécie de tradição inventada que, a partir do Império, lançava sua luz sobre o passado e o futuro.

Nesse passo, podemos apontar alguns aspectos das transformações fundiárias e agrárias entre o final do século XVIII e o início do XIX, deixando para novas análises a questão da historiografia.

As evidências dos arranjos fundiários, agrários e sociais que se articularam no período em pauta têm sido evidenciadas, principalmente, com o aprofundamento das pesquisas demográficas. A possibilidade de aferir os dados populacionais no Brasil, por meio das Listas de População elaboradas a partir da segunda metade do século XVIII, revela, uma faceta da emergência desses grupos de pobres livres e do conflito que se delineia. As listas foram organizadas para sistematizar o recrutamento militar, exigido pelos conflitos entre portugueses e espanhóis nas regiões meridionais e recurso para enquadrar essas parcelas de população às diretrizes metropolitanas e mercantis. Essa documentação revela, ainda, o peso da população livre, em geral superior à de escravos.[12]

Estudando esses dados para a região de Itu, importante área do desenvolvimento açucareiro no Sudeste, desde o final do século XVIII, Eni de Mesquita Samara verificou que, em 1773, a região possuía uma população total de 2 211 pessoas, sendo 1 201 livres e 908 escravos. Preocupada em analisar as estruturas familiares de dependência entre proprietários e homens livres pobres, a autora revela que dos 1 201 livres, 222 eram agregados.[13]

Em números absolutos, o contingente de agregados em Itu tendeu a se estabilizar no período em pauta, embora o decréscimo seja substancial, tanto frente ao aumento dos livres em geral como frente ao avanço da mão-de-obra escrava. A autora assinala que

> Esse decréscimo pode ser explicado, de certa forma, pelo desenvolvimento da agricultura comercial e do consequente aumento de escravos que vinha suprir a demanda de mão-de-obra nas áreas de grande lavoura. Ao lado disso, o relativo crescimento da vila de Itu, provocando a diversisificação e o aumento de

---

12 Sobre o recrutamento militar, ver Nanci Leonzo. *As Companhias de Ordenanças na Capitania de São Paulo*. São Paulo: FFLCH/USP, 1975 (dissertação de mestrado); Enrique Peregalli. *Recrutamento militar no Brasil colonial*. Campinas: Editora da Unicamp, 1986.

13 Eni de Mesquita Samara. *O papel do agregado na região de Itu – 1780 a 1830*. São Paulo: Museu Paulista, 1977.

serviços, poderia ter funcionado ao mesmo tempo como fonte de absorção e de mudança econômico-social de agregados provenientes das fazendas ou residentes na própria vila.

A autora aponta também que muitos podem ter deixado de ser agregados para se tornar pequenos proprietários ou trabalhar em terra de posse nas áreas de expansão agrícola.[14]

Ela assinala ainda que as transformações econômicas no período de expansão da agricultura comercial vão refletir nos diversos componentes da sociedade. Os agregados, nesse período, cada vez mais aparecem em menor proporção nas áreas de agricultura comercial do que nas ligadas às pequenas lavouras e serviços urbanos. É o caso da rua do Ouvidor, em 1798: 32,1% de sua população era constituída por agregados, o que leva a supor que os artesãos e oficiais mecânicos que ali se concentravam, não tendo condições de comprar escravos, tinham nos agregados mão-de-obra mais acessível.[15]

No caso da agricultura comercial, a tendência à concentração de terras é palpável nos dados levantados. Em 1813, as fazendas de cana representavam 66% da área total, enquanto 34% eram constituídos por pequenas propriedades dedicadas à lavoura de mantimentos. Já em 1818, 44% das terras estavam nas mãos de 2% de proprietários e 57% da população dispunha de apenas 5,14% da área total.[16]

---

14 Idem, p. 54.
15 Idem.
16 Cf. Maria Thereza S. Petrone. Op. cit., p. 132.

Os estudos de Iraci del Nero da Costa acentuam essa supremacia da população livre e apontam que, no caso de Itu, apenas 30,8% da população livre era constituída por proprietários e seus dependentes, enquanto 69,2% era não-proprietários e seus dependentes.[17] Em 1836, o autor constata 5 961 habitante, dos quais 52% (3 100) escravos e 48% (2 861) livres. Entre os livres, 47% (1 325) era constituído pelos proprietários, enquanto 52% (1 744) era não-proprietários.[18] Se classificarmos esses dados em três categorias – proprietários, não-proprietários e escravos, teríamos 52% de escravos, 18,7% de proprietários e 29,3% de não-proprietários; em 1775 os proprietários representavam 21,6% e os não-proprietários, 48,4%. Assim, o perfil populacional, se cruzado com o perfil fundiário, aponta para a concentração de terras e escravos e para a diminuição da participação dos homens livres na produção agrária.

Os dados de Iraci del Nero da Costa demonstram, a partir da compilação dados demográficos de várias regiões do Brasil, que os não-proprietários de escravos compunham, no período, parcela majoritária da população livre e não perderam expressão numérica frente às mudanças econômicas significativas. Segundo ele, os não-proprietários não foram excluídos das áreas economicamente mais dinâmicas. Contudo, para entendermos melhor a inserção dos livres não-proprietários nessas áreas, seria necessário um estudo mais aprofundado.[19]

---

17 Iraci del Nero da Costa. *Arraia miúda: um estudo sobre os não- proprietários de escravos no Brasil*. São Paulo: MGSP, 1992, p. 28.

18 *Idem*, p. 29.

19 *Idem*, p. 68.

Em Pernambuco, durante o século XVIII, os movimentos das populações livres não-proprietárias de escravos são mais notáveis, como atesta ampla documentação.[20] Tais contingentes ocupavam extensas regiões de fronteiras das áreas do açúcar, principalmente o triângulo de Santo Antão, São Lourenço e Tracunhaém, dedicando-se à agricultura de subsistência, com roças de mandioca, milho e alguns legumes. Um observador da época classificou-os como "a gente mais indigente de Pernambuco".[21] Para Palácios, essa distância e esse isolamento faziam parte de uma estratégia de sobrevivência à grande propriedade e ao escravismo.[22]

Nessa capitania, principalmente entre 1710 e 1714, essas parcelas da população ganham grande visibilidade, pois a produção de subsistência foi estratégica para o provimento das munições de boca e seus homens poderiam ser arregimentados para tropas paramilitares durante o conflito dos Mascates.[23]

De que forma essa população teria se ampliado e, de certa forma, se autonomizado? Há indícios de que, "tendo vegetado por décadas na esquálida dinâmica do mercado local e

---

20 Ver a documentação utilizada por Palácios. *Op. cit.*, e Teixeira da Silva. *Op. cit.*

21 Manuel dos Santos. "Narrativa histórica das calamidades de Pernambuco sucedidas desde o ano de 1707 até o ano de 1715 com a Notícia do Levante dos Povos de suas Capitanias". RIHGB, 53, p. 58, 1890.

22 "Distância e isolamento, contudo, representavam mecanismos essenciais de uma estratégia de sobrevivência individual e coletiva determinada estruturalmente, desde as origens, pelas características do escravismo". Palácios. *Op. cit.*, p. 8, vol. 1.

23 *Idem, ibidem*, p. 10.

regional, restrito e de lento crescimento, cultivadores pobres de Pernambuco tenham iniciado um rápido processo de expansão cultivando tabaco".[24] Em 1721,Vasco Fernandes de Campos relatava a qualidade do tabaco da região de Goiana, reclamando ainda que a produção de Alagoas, São Miguel e Porto Calvo não chegava a Bahia.[25] A produção cresceu, apesar da gravidade da conjuntura do açúcar e da crise de mão-de-obra no início do XVIII, que teria permitido o processo de constituição de comunidades de cultivadores pobres livres, dedicados ao tabaco e à subsistência, dentro de uma dinâmica camponesa dirigida à produção de excedentes comerciais de gêneros de demanda crescente.[26]

É preciso assinalar o caráter contraditório da produção de tabaco: cada vez menos importante para o tráfico de escravos, ele tendia a ser cultivado por aqueles que se dedicavam à produção de gêneros de subsistência, o que acarretava diminuição no provimento de víveres e carestias. Muitas foram as determinações governamentais para que esses produtores voltassem ao cultivo da mandioca, culminando com a determinação régia de 1701, que bania as fazendas de gado para uma distância nunca inferior a dez léguas do litoral, na tentativa de impedir a disseminação do tabaco (cuja produção necessitava de estrume) e de recuperar terras para os engenhos. Essas terras, entretanto, não foram ocupadas por lavouras de cana, pois o efeito positivo notado no final do XVII arrefeceu-se e as áreas

---

24 *Idem, ibidem*, p. 25.

25 *Documentos Históricos*. 40:9-10.

26 Palácios. *Op. cit.*, p. 31.

passaram a produzir gêneros. Em 1715, há informações de que essa área produzia abundantíssima farinha de mandioca.

A crise que se abateu sobre a economia açucareira pernambucana até o último quartel do século XVIII forneceu condições favoráveis para a expansão de estruturas que se adaptavam mais agilmente às necessidades do tráfico para as Minas. A diminuição das atividades dos engenhos desmontou, ainda, a estrutura produtiva de cana com base em pequenos lavradores escravistas, abrindo espaço para a agricultura mercantil de pobres livres.[27]

A partir de 1750, porém, em razão de uma crise de demanda e de medidas da metrópole, a produção de tabaco declinou, ao mesmo tempo em que a extração aurífera entrava em decadência.

Nessa época, é visível o aumento das populações pobres livres em toda a colônia; tangidas pelo refluxo do ouro, elas vagueiam por muitas capitanias, como atestam os comentários do vice-rei Conde de Galvêas, em 1742.[28] Em Pernambuco, a população livre cresceu consideravelmente: em 1750 as estimativas indicavam 60 000 pessoas em 1763, registravam-se cerca de 90 000.[29] Em 1785, a capitania teria cerca de 230 000.[30] Uma

---

27 *Idem.*

28 *Apud* Russel Wood. *Fidalgos e filantropos*: a Santa Casa da Misericórdia da Bahia, 1550-1755. Trad. Port. Brasília: UnB, 1981 p. 554.

29 *Mappas Estatísticos de Pernambuco*, Recife, 1763

30 Cf. Dauril Alden. *Ideia de população*, p. 98-100.

carta de D. Luiz Diogo Lobo da Silva, de 1759, apontava como solução ocupá-los no cultivo de algodão.[31]

Durante o período pombalino, a cultura do algodão cresceu na capitania, oficialmente incentivada nos segmentos de pobres livres e pequenos plantadores escravistas. Isso porque o algodão não era apenas um cultivo de baixos custos, sem praticamente nenhum investimento, mas principalmente porque requeria pouco trabalho.[32] Rapidamente o algodão difundiu-se e, mais e mais incentivado pela conjuntura mundial, integrou-se ao mercado de exportação.

No entanto, esse avanço gerou dois problemas: de um lado, o abandono dos cultivos de subsistência, com as consequentes carestias e crises de abastecimento; de outro, a recuperação econômica e as novas demandas voltavam a incentivar a economia escravista, gerando profundas pressões sobre os plantadores livres pobres. A retomada dos preços do açúcar e o aumento da produção aumentaram a demanda de gêneros; uma série de medidas foi tomada no início da década de 1780, objetivando conter o que se acreditava ser o cerne do problema: a especulação, a ação de intermediários. Como as medidas não surtiram resultado, as autoridades buscaram ainda fazer

---

31 Carta do Governador de Pernambuco a Sebastião José Carvalho e Mello. Recife, In: *Correspondência dos Governadores de Pernambuco*: AHU, v. 14, fls. 63-5. citado por Palácios. *Op. cit.*, p.166-8.

32 Ver *Discurso que o Doutor Ouvidor Geral da Comarca de Alagoas, Francisco Nunes da Costa, fez em acto da Camera à Nobreza e Povo da Villa de Penedo e seu termo sobre a plantação de algodão*. Penedo, 1776. AHU, v. 15, fls. 86-9. Citado por, Palácios. *Op. cit.*, p. 122.

que os plantadores de cana cumprissem a obrigação do plantio de mandioca. Finalmente, em 1786, o governador determinou a suspensão do plantio do algodão pelos cultivadores pobres livres, determinando que se dedicassem a roças.

Também na Paraíba, o algodão cresceu entre as comunidades pobres livres, tradicionalmente dedicadas ao cultivo de roças de subsistência, gerando conflitos com os engenhos. Multiplicaram-se as queixas pela falta de alimentos, pela ocupação de antigas áreas de matas, pela existência de bandos de desocupados, marginais etc. O mesmo ocorria em Pernambuco, principalmente na Várzea e em Alagoas.

No caso de Pernambuco, mas também em outras capitanias, torna-se evidente que, ao longo de três séculos, a grande propriedade de exportação exigira e convivera com formas de produção e estrutura fundiária diversas e, no final do século XVIII, a fome de terras para a agricultura de exportação gerava conflitos entre os grupos. Esses conflitos tinham várias facetas: havia a necessidade de ampliação das terras para o açúcar, os interesses escravistas, as demandas de abastecimento interno... mas havia também questões políticas e sociais importantes: os pobres livres resistiam ao comando das elites, tal como se evidenciava em sua resistência ao recrutamento militar e à restrição de cultivar dos gêneros de subsistência. Como força demográfica, em maior número que os escravos, esses homens livres representavam um elemento de instabilidade.

Em Pernambuco, as campanhas de alistamento, desencadeadas a partir de 1766, visavam especialmente as comunidades de pobres livres, que resistiam, muitas vezes fugindo e instalando suas lavouras em pontos mais distantes da capitania. A pressão do Estado incluía prisões de pais, caça aos resistentes, tentativa de conter o êxodo das comunidades, por meio de passaportes internos, e ainda a utilização das relações nominais de batizados para elaborar as listas de captura.

Essas medidas, junto à expulsão de comunidades de pobres livres plantadores de mandioca e de algodão, tendiam a provocar uma diferenciação que dava lugar a um amplo movimento de transformação de produtores autônomos, por posse, em protegidos, moradores, de grandes propriedades escravistas. Num primeiro momento, os pobres livres transmutavam-se de produtores autônomos em desertores, criminosos; em seguida, tornavam-se pedintes da proteção dos proprietários de terra, verdadeiros "mercenários agrários".

É interessante notar como esse processo permite aos proprietários escravistas ampliar a dimensão de suas terras, absorver no âmbito da grande propriedade tanto a produção comercial de algodão como a de alimentos para subsistência e, ao mesmo tempo, criar forças paramilitares que afrontavam as diretrizes metropolitanas. Uma carta circular de 1801 a todos os coronéis desde Goiana até Penedo atesta:

> Alguns capitães Mores, Comandantes, Coronéis e Oficiais das Milícias não remetem os recrutas nem também os desertores que se acham em seus distritos, apesar de nossas repetidas ordens a esse respeito, porque temem perder os desertores que os servem

mais que seus próprios escravos, pelo interesse que os protejam, apoiem e defendam de serem presos.³³

Paralelamente, os que não se enquadravam formavam pontos de concentração de criminosos e desertores, alvo de ações militares, semelhantes à operações contra quilombos. No contexto do pavor de levantes escravos, como os de São Domingos, a repressão atingia os pobres livres.

A descrição de Tollenare é bastante significativa:

> Os moradores são pequenos colonos os quais aos senhores de engenho concederam a permissão de elevar uma cabana no meio do mato e de cultivar um pequeno pedaço de terra [...] Como os lavradores não têm contrato, o senhor pode mandá-los embora quando quiser. São em geral mestiços de mulatos, negros livres e índios e negros livres: os índios e negros puros são raramente encontrados. Esta classe livre é hoje o verdadeiro povo (plebe) brasileiro: é paupérrima porque pouco trabalha. Parece que do seu seio deveria sair um número de trabalhadores assalariados; mas tal não acontece. O morador recusa o trabalho, planta um pouco de mandioca e vive na ociosidade: a sua mulher faz um pouco de renda. Se a safra de mandioca foi boa, pode fazer algumas vendas e comprar roupa; [...] Os moradores vivem isolados, longe de toda a autoridade civil e religiosa, sem conhecer, por assim dizer, o valor da propriedade. [...] Os assassinatos são frequentes, e não dão lugar a perseguição alguma...³⁴

---

33 APP-OG, 1801, fl. 58 - 58v.

34 L. F. Tollenare. *Notas Dominicais* (1817). *Op. cit.*

Em 1817, o processo de expulsão era notável e gerava povoações como a observada pelo francês:

> A uma légua do engenho [...] se forma um povoado que merece alguma atenção. Deve sua origem à perigosa medida adotada pelo Sr. ★★★, que acaba de expulsar todos os seus lavradores e moradores. Estes, que estavam no gozo de suas terras desde várias gerações, viram-se de repente despejados dos seus pequenos melhoramentos de cultura e privados dos meios de subsistência...[35]

Se o quadro das mudanças é nítido para Pernambuco, estudos demográficos como os já citados acima indicam transformações semelhantes para outras capitanias e que merecem estudos mais detalhados. As análises feitas por Horácio Gutierrez para o Paraná do século XIX e de Dora Shellard Correa para o extremo sul de São Paulo apontam essa fome de terras que caracterizou a readequação da economia do Brasil a partir da Revolução Industrial, atestando ainda o avanço da agricultura escravista.

As transformações profundas que marcaram o fim do antigo sistema colonial não se restringiram, então, ao âmbito do exclusivo. O estímulo redefinia a grande produção escravista, exigindo um padrão de atividades sistematizadas e organizadas, adequado aos princípios produtivos em voga. Nessa sistemática, as pequenas produções em roças, tanto de algodão como de mandioca, eram vistas como atrasadas, produtos da indolência de pobres livres, como assinalou Tollenare em 1817:

---

35 *Idem.*

cabanas habitadas por mulatos e negros livres que cultivam um pouco de mandioca e raramente bananas: alguns vão às vezes oferecer seus serviços aos engenhos, como pedreiros ou carpinteiros. Os que não têm estes ofícios vivem em um estado que chamar-se-ia miserável [...] É verdadeiramente ali que convêm à indolência estabelecer seu domínio.

O espetáculo do engenho é bem diferente. Aqui, nada é apatia: tudo é trabalho, atividade: nenhum movimento é inútil, não se perde uma gota de suor.[36]

No Rio de Janeiro, é bastante clara a complexidade desse processo, que uniu ampliação das possibilidades de produção para o mercado, concentração de terras, expulsão de populações, organização militar e paramilitar, cristalização de poder para grandes proprietários e comerciantes. É possível visualizar a desqualificação inexorável dos pobres livres: cooptados pela grande propriedade, banidos de suas terras ou simplesmente empurrados para áreas distantes, onde vivem com a autorização dos grandes proprietários.[37]

Nesse processo, a elite foi configurando seu projeto social, cujas bases de poder são o latifúndio e o escravismo, em detrimento de outras possibilidades de estrutura agrária e fundiária. E o processo de emancipação, mais do que segregar as forças portuguesas atuantes na sociedade, tinha por tarefa configurar um Estado, uma Nação adequada ao novo padrão de inserção da produção exportadora e aos interesses específicos dos grupos mercantis.

---

36 *Idem.*
37 Cf. Cecília L. Salles de Oliveira. *A astúcia liberal. Op. cit.*, p. 75-106.

Considerações finais

A dominação colonial requereu a concentração do poder nas mãos dos agentes da colonização, de forma a exercerem as funções necessárias para o cumprimento do próprio papel da colônia. A organização fundiária da Colônia correspondeu à necessidade de manutenção das formas de domínio compatíveis com o patrimonialismo vigente na Metrópole, condicionando a transferência da ordem estamental portuguesa, tendo por base as concessões de sesmarias a demarcar as estruturas de poder pela restrição de terras. A política de concentração da propriedade da terra objetivava não apenas a harmonização às determinações mercantis da colonização, mas a exclusão política da população livre da posse da terra e do controle do poder local e dos direitos de ter vínculos com o Estado, sedimentando arraigada estrutura de privilégios. Dessa forma, na colonização do Brasil, não se tratava de impedir a pequena propriedade em si, mas de impedir a pequena propriedade desvinculada ao processo de produção hegemônico, dominado pelo capital mercantil. Tradicionalmente a implantação da estrutura fundiária brasileira tem sido explicada pela necessidade de, através da grande propriedade, controlar-se a produção em larga escala para o mercado europeu. É clássica a explicação de Caio Prado Jr. de que as dificuldades de desmatamento, seus altos cultos, os empecilhos colocados pelas condições tropicais viabilizavam apenas a grande exploração. A análise da estrutura fundiária do Nordeste açucareiro aponta, porém, uma realidade interessante: o latifúndio, entendido como propriedade única de engenho e lavouras, tendia a ser uma ficção jurídica, embora fosse uma realidade econômica. Pois, em torno do engenho, articulava-se uma miríade de pequenos produtores de cana, de lavradores de roça, moradores e agregados.

Há aqui, dois pontos a considerar. Como vimos, de um lado, a divisão da produção açucareira entre lavradores de cana e senhores de engenho remontava às preocupações portuguesas de ocupação e defesa do território. Mas por outro lado, esse complexo fundiário formado pelo engenho e as terras a ele subordinadas dá ao "latifúndio" outra feição: a de um conjunto de terras, nem sempre de propriedade do engenho, mas, efetivamente, por ele controlado.

Aqui uma outra chave do questionamento: o engenho como articulador da propriedade da terra, como elemento de aglutinação e subordinação, cumprindo, ao mesmo tempo, papel político e papel econômico. Através do engenho era possível tanto o controle da produção às determinações econômicas do capital mercantil, como a submissão desse mínimo de população livre, constituído por lavradores, agregados e moradores. Essa forma sutil de distribuição da propriedade da terra que nos acostumamos chamar latifúndio, mantinha o controle, através do engenho, de uma sociedade bem mais complexa e diversificada do que a relação senhores/escravos, reduzindo-a , porém, a essa polarização.

Em suma, o engenho foi o *locus* preferencial dessa sociedade, o elemento que, além de concentrar a produção e vinculá-la ao seu sentido mercantil, tornava possível executar as funções que dão sentido a uma série de atividades. Foi, sem dúvida, o elemento de configuração da sociedade rural, pois, através do engenho, realizava-se, ao mesmo tempo a inclusão e a exclusão dos indivíduos.

Fontes e bibliografia

Fontes Manuscritas

ARQUIVO HISTÓRICO ULTRAMARINO – AHU – LISBOA

A.H. U, Catálogo Luiza Fonseca, n° 172, 26 de junho de 1614.
A.H.U. códice 79, fl. 350v.
A.H.U., Bahia, Papéis Avulsos, Catálogo Luiza da Fonseca, 1929.
A.H.U., códice 80, fls. 318v/319.
AHU, Catálogo Luiza Fonseca, n° 185, 6 de agosto de 1618.
AHU, Catálogo Luiza Fonseca, n° 206, 16 de janeiro de 1620.

ARQUIVO DO INSTITUTO DE ESTUDOS BRASILEIROS – USP – AIEB – SÃO PAULO

AIEB - Coleção Lamego - Cod. 19-69-A8 "Mapa da População, Fábricas e Escravaturas de que se compõem as diferentes Freguesias da Vila se S. Salvador dos Campos dos Goitacazes, no ano de 1799"

ARQUIVO NACIONAL DO RIO DE JANEIRO – ANRJ – RIO DE JANEIRO

ANRJ – Códice 67, vol 25, fl. 187 "Mapa da Total População do Distrito dos Campos dos Goitacases, de que é Mestre de Campo José Caetano de Barcelos Coutinho, em 30 de agosto de 1790"

ARQUIVO NACIONAL DA TORRE DO TOMBO – ANTT – LISBOA

ANTT – INQUISIÇÃO DE COIMBRA. Contas Correntes. Francisco Pereira Lopes de Vila Pouca de Aguiar. 1722.L.770;Livro de Contas Correntes de Miguel Pereira de Leão Mercador (Notas sobre comércio Brasil-Alemanha). 1647-1658,L.772; Contas Correntes de Gaspar Dias Fernandes, do Porto (Importações e Exportações). 1697-1704.L.768; Livro de Contas Diversas. Antonio Rodrigues da Paz. Mercador. 1715-1718.L. 769;Livro de Contas de um mercador. Francisco Pereira Lopes, João Neves, Manoel Antunes, devedores a Francisco Pereira. 1698-1701,L.771;

ANTT, Cartório Jesuítico, maços, 13, 14, 15 e 17.

ARQUIVO PUBLICO DO ESTADO DA BAHIA – APB – SALVADOR

APB, SH, Maço 263-2, Cartas Régias, 1804, doc. 51.
APB, SH, Provisões Reais, maço 260.
APB, SH, Registros, maço 259.

ARQUIVO PUBLICO DO ESTADO DE PERNAMBUCO – OFÍCIOS DE GOVERNO

OG, 1801, fl. 58-58v.

FONTES IMPRESSAS

ANTONIL. *Cultura e opulência do Brasil*. (1711) Ed. bilingue. Paris: I.H.E.A.L., 1965, (organizada e comentada por Andrée Mansuy).

Arrendamento dos dízimos de D. Diogo de Meneses, *ABNRJ*, 57: 40-41, 1935.

BENCI, Jorge. *Economia Cristã dos Senhores no Governo dos Escravos*. (1700) São Paulo: Grijalbo, 1977.

CALADO, Frei Manoel. *O Valeroso Lucideno e o Triunfo da Liberdade* (1648). São Paulo/Belo Horizonte: Edusp/Itatiaia, 1987

CARDIM, Fernão. *Tratados da Terra do Brasil* (1584). São Paulo/Brasília: Nacional/INL, 1978.

CARDIM, Padre Fernão. *Tratados da Terra e Gente do Brasil do Brasil (Séc. XVI)*. 3ª ed. São Paulo/Itatiaia: Nacional/INL, 1978.

Carta de Foral de 24 de setembro de 1534 da Capitania de Pernambuco". In: Instituto do Açúcar e do Álcool. *Documentos para a História do Açúcar.* Legislação (1534-1596). Rio de Janeiro: Serviço Especial de Documentação Histórica, 1954.

Carta de Pero Vaz de Caminha. ed. crítica de Jaime Cortesão, *A Carta de Pero Vaz de Caminha*, s/d.

COELHO, Duarte de Albuquerque.*Memórias Diárias da Guerra do Brasil* (1630-1638). 2ª ed. Recife: Fundação de Cultura da Cidade do Recife, 1982.

CORTESÃO, Jaime (ed.). *A Carta de Pero Vaz de Caminha*, Lisboa, Portugália Editora, 1967.

COUTO, Domingos Loreto do. *Desagravos do Brasil e Glórias de Pernambuco.* ABNR, 24: 1 – 611, 1902.

DEBRET, Jean Baptiste. *Viagem Pitoresca e Histórica ao Brasil (1834-39)* Trad. port. 6ª ed. São Paulo/Belo Horizonte: Edusp/Itatiaia, 1975.

"Descripción de la Província del Brasil", In: Fréderic Mauro (ed). *Le Brésil au XVII^{éme} Siècle.* Coimbra, 1963, p. 167-91.

Diálogos das Grandezas do Brasil (1618) 2ª·ed. integral, conforme apógrafo de Leiden. Recife: Imprensa Universitária, 1966.

Documentos Históricos. Patentes provisões e alvarás, "Registro de uma provisão por não se fazerem penhoras nas fazendas por dívidas pequenas", vol. 16.

GANDAVO, Pero de Magalhães. *Tratado da Terra do Brasil* (1570) Belo Horizonte/São Paulo: Itatiaia/Edusp, 1980.

GRAHAM, Maria. *Diário de uma Viagem ao Brasil*. São Paulo/Belo Horizonte: Edusp/Itatiaia, 1990.

GUERREIRO, Bartolomeu. *Jornada dos Vassalos da Coroa de Portugal para se recuperar a cidade de Salvador, na Bahia de Todos os Santos, tomada pelos holandeses a 8 de maio de 1614*. Lisboa: "Mateus Pinheiro", 1625.

História da Guerra de Pernambuco (1670) 1ª ed. integral, segundo o apógrafo da Biblioteca Municipal do Porto. Recife: Fundarpe, 1984.

HUMBOLDT, A. Von. *Voyage aux Régimes Equinociales du Nouveau Continent*. Paris: Librairie Grecque-latine, 1824.

KOSTER, Henry. *Viagem ao Nordeste do Brasil* (1816). São Paulo: Nacional, 1942.

LINDLEY, Thomas. *Narrativa de uma Viagem ao Brasil (1805)*. Trad. port. São Paulo: Nacional, 1969.

LISBOA, José, da Silva. *Carta muito interessante para o Dr. Domingos Vandelli (1781)*. Anais da Biblioteca Nacional do Rio de Janeiro – ABNRJ. 32:494-506, 1914.

Livro de Contas do Engenho Sergipe do Conde (1622-1653) Documentos para a História do Açúcar. Rio de Janeiro: Instituto do Açúcar e do álcool, 1956, vol. II.

MELLO, José Antonio Gonsalves de. "Uma Crônica da Guerra Pernambucana em Nova Edição" prefácio de: Duarte de Albuquerque Coelho. Memórias *Diárias da Guerra do Brasil* (1630-1638). 2ª ed. Recife, Fundação de Cultura da Cidade do Recife, 1982.

MOERBEECK, Jan Andries. *Motivo porque a Companhia das Índias Ocidentais deve tentar tirar ao rei da Espanha a Terra do Brasil* (Amsterdã, 1624). Trad. port. Rio de Janeiro: IAA, 1942, p. 36-40.

MORENO, Diogo de Campos. *Livro que dá Razão do Estado do Brasil* (1612). Recife: Arquivo Estadual de Pernambuco, 1955.

PEREIRA, Nuno M. *Compêndio Narrativo do Peregrino da América*.(173) 6ª ed. 1939, t. II.

Regimento de Tomé de Souza. In: *Documentos para a História do Açúcar (Legislação)*. Rio de Janeiro: IAA.

RUGENDAS, João Maurício. *Viagem Pitoresca Através do Brasil (1835)*, Trad. port. 7ª ed. São Paulo/Belo Horizonte: Edusp/Itatiaia, 1976.

SOUSA, Gabriel Soares de. *Tratado Descritivo do Brasil em 1587*. 4ª ed. São Paulo: Nacional/Edusp, 1971.

TOLLENARE, L. F. *Notas Dominicais (1817)* Trad., port. Recife: Secretaria de Educação e Cultura, 1978.

Tratado proposto a Manoel da Silva Ferreira pelo seus escravos durante o tempo em que se concervarão levantados *Apud* : Stuart Schwartz "Resistance and Accommodation in Eighteenth Century Brazil : The slaves'view of slavery". *HAHR*, 57 (1): 69-81, fev. 1979.

VASCONCELOS, Padre Simão de. *Chronica da Companhia de Jesus do Estado do Brasil*. 2ª ed. Lisboa, A. J. Fernandes Lopes, 1845, p. CXLVI, § 3.

VILHENA, Luiz dos Santos. *Recopilação de Notícias Soterolopolitanas e Brasílicas* (1802). Bahia: Imprensa Oficial do Estado, 1921, 2 vols.

Almanac Histórico da Cidade de São Sebastião do Rio de Janeiro, ano de 1799. *RIHGB*, 21 (1858): 174)

MENDONÇA, Antonio Manuel de Mello Castro e. "Memória Econômico – Política da Capitania de São Paulo." *Anais do Museu Paulista*. São Paulo: 15, 1923.

SAINT – HILAIRE, Auguste de. *Viagem à Província de São Paulo. (1839)* Trad. port. São Paulo: Itatiaia/Edusp, 1976.

_____, *Viagem pelo Distrito dos Diamantes e Litoral do Brasil*. (1833). Trad. port. São Paulo, Itatiaia/Edusp, 1974.

CARVALHO, Augusto de. *Apontamentos para a História da Capitania de S. Thomé*. Campos: Typographia e Litographia de Silva, Carneiro & Comp, 1888.

ARAÚJO, José de Souza Azevedo Pizarro e. *Memórias Históricas do Rio de Janeiro*. Rio de Janeiro: Imprensa Nacional, 1945.

SANTOS, Manuel dos. "Narrativa Histórica das Calamidades de Pernambuco sucedidas desde o ano de 1707 até o ano de 1715 com a Notícia do Levante dos Povos de suas Capitanias. *RIHGB*, 53(82 2ª), p. 58, 1890.

ANDRADA, Martim Francisco Ribeiro de. "Diário de uma viagem mineralógica pela Província de São Paulo, no ano de 1805." *Boletim Paulista de Geografia*. São Paulo, 18, 1954.

BIBLIOGRAFIA

ACIOLI, Vera Lucia Costa. *Jurisdição e Conflitos: A Força Política do Senhor de Engenho.* Recife: UFPE, 1989.

AGUIAR, Maria do Amparo Albuquerque de. *Terras de Goiás.* Goiânia: Editora UFG, 2003.

ALBUQUERQUE, Cleonir Xavier de. *A Remuneração de Serviços da Guerra Holandesa.* Recife: Imprensa Universitária, 1968.

ALDEN, Dauril (org.), *Colonial Roots of modern Brazil*, Berkeley: University of California Press, 1973.

ALEIXO, Lucia Helena Gaeta. *Vozes do Silêncio. Subordinação, Resistência e Trabalho Escravo em Mato Grosso.* São Paulo, FFLCH/USP, 1991. (tese de doutorado).

ALENCASTRO, Luiz Filipe de. *O trato dos Viventes: formação do Brasil no atlântico sul.* São Paulo: Companhia das Letras, 2000.

ANDRADE, Manuel Correia de *et alii.* (org.) *Brasil 1701-1824.* Recife: Fundação Joaquim Nabuco/Massangana, 1999.

ANDRADE, Manuel Correia de. *A Terra e o Homem no Nordeste.* 3ª ed. São Paulo: Brasiliense, 1973.

ARAÚJO, Emanuel. *O teatro dos Vícios – Transgressão e Transigência na Sociedade Urbana Colonial.* Rio de Janeiro: José Olympio, 1993.

ARRUDA, José Jobson de Andrade Arruda."O Sentido da Colônia: revisitando a Crise do Sistema Colonial. "In: José Tengarrinha (org.) *História de Portugal*. Bauru/São Paulo: Edusc/Unesp, 2000, p. 167-86.

_____, "Decadência ou Crise O Império Luso Brasileiro: O Novo Padrão de Colonização do Século XVIII" In: Manuel Correia de Andrade *et alii* – (org.) *Brasil 1701-1824*. Recife: Fundação Joaquim Nabuco/Massangana, 1999, p. 95-11.

_____, Exploração colonial e capital mercantil. In: Tamás Smereczanyi (org). *História econômica do período colonial*. São Paulo: Hucitec, 1996.

_____, A Produção Econômica. In: Maria Beatriz Nizza da Silva (org.) *O Império Luso Brasileiro (1750-1822)*. Lisboa: Editorial Estampa, 1986.

_____, *O Brasil no Comércio Colonial*. São Paulo: Ática, 1980.

_____,"História e crítica da História Econômica Quantitativa". *Revista de História*. São Paulo, 110: 463-481, 1977.

AUFDERHEIDE, Patrícia Ann. *Order and Violence: Social Deviance and Social Control in Brazil, 1780-1840*. Minnesota: University of Minnesota, 1976 (PHD Thesis), mimeo.

AZEVEDO, Esterzilda Berenstein de. *Arquitetura do Açúcar*. São Paulo: Nobel, 1990.

AZEVEDO, Thales de. *O Povoamento da Cidade de Salvador*. 3ª ed. Salvador: Itapuã, 1969.

BARREIRO, José Carlos. *O Cotidiano e o Discurso dos Viajantes: Criminalidade, Ideologia e Luta Social no Brasil do Século XIX*. São Paulo: FFLCH/USP, 1988 (tese de doutorado).

BOTELHO, Tarcísio. *População e Nação no Brasil do Século XIX*. São Paulo: FFLCH/USP, 1998 (tese de doutorado).

BOXER, Charles R. *Os Holandeses no Brasil*. Trad. port. São Paulo: Nacional, 1960.

_____, *Salvador de Sá e a Luta pelo Brasil e Angola (1602-1686)*. Trad. port. São Paulo: Nacional, 1973.

BUESCU, Mircea. *História Econômica do Brasil*. Rio de Janeiro: APEC, 1970.

_____, *300 anos de Inflação*. Rio de Janeiro: APEC, 1973.

_____, *Exercícios de História Econômica do Brasil*. 2ª ed. Rio de Janeiro: APEC, 1968.

BURKE, Peter. *Cultura Popular na Idade Moderna*. Trad. port. São Paulo: Companhia das Letras, 1989.

CAMPOS, Flávio de. *História Ibérica. Apogeu e declínio*. São Paulo, Contexto, 1991.

CARDOSO, Ciro Flamarion. *Escravo ou Camponês*. São Paulo: Brasiliense, 1987

CARDOSO, José Luís. *O Pensamento Econômico em Portugal*. Lisboa: Estampa, 1989.

CASCUDO, Luís da Câmara. *Dicionário do Folclore Brasileiro.* Rio de Janeiro: s/e, 1954.

CASTENAU, Charlotte C. de e ZERON, Carlos. "Une Mission Glorieuse et Profitable". Paris, *Révue de Synthèse,* 4ªs. 2-3: 335-358, abr.-set. de1999.

CASTRO, Antonio de Barros Pinheiro. " As Mãos e os Pés do Senhor de Engenho", In: Paulo Sérgio, *Trabalho Escravo, Economia e Sociedade.* Rio de Janeiro: Paz e Terra, 1984.

_____, *Escravos e Senhores de Engenhos do Brasil, Um Estudo Sobre os Trabalhos do Açúcar e a Política Econômica dos Senhores.* São Paulo: Unicamp (Tese de doutorado), 1976.

CASTRO, Hebe de. *Ao Sul da História (Lavradores Pobres na Crise do Escravismo).* São Paulo: Brasiliense, 1987.

CHARTIER, Roger. *A História Cultural entre Práticas e Representações.* Trad. port. Lisboa: Difel, 1990.

CHASSOT, Walkiria. *Morrer na Colônia.* Aspectos do Imaginário nos Testamentos Paulistas do Século XVII. Exemplar mimeo.

CHAUNU, Pierre. "Autour de 1640", *Annales,* 9: 44-45.

COELHO, Antonio Borges "Os Argonautas Portugueses e seus velos de ouro". In: José Tengarrinha.(org.) *História de Portugal.* Bauru/São Paulo: Edusc/Unesp, 2000.

_____, "Os Argonautas Portugueses e seus velos de ouro "In: José Tengarrinha.(org.) *História de Portugal.* Bauru/São Paulo: Edusc/Unesp, 2000.

CORREA FILHO, Virgílio. *História de Mato Grosso.* Rio de Janeiro: INL, 1969.

CORREIA, Dora Shellard. *Paisagens Sobrepostas.* São Paulo: FFLCH/USP, 1997 (tese de doutorado).

COSTA FILHO, Miguel. Engenhos e Produção de Açúcar em Minas Gerais. *Revista de História da Economia Brasileira.* São Paulo: 1(1):42-50.

COSTA, Cleonir Xavier de Albuquerque da Graça e. *Receita e Despesa do Estado do Brasil no Período Filipino (aspectos Fiscais da Administração Colonial)* Recife: Universidade Federal de Pernambuco, 1985 (dissertação de mestrado).

COSTA, F. A. Pereira da. *Anais Pernambucanos.* (ed.) Recife: Arquivo Público Estadual, 1951-1958, v. III.

_____, *Dicionário de Pernambucanos Célebres.* (1882) 2ª ed. Recife: Fundação de Cultura da Cidade do Recife, 1982.

COSTA, Iraci del Nero da. Arraia Miúda. *Um estudo sobre os não proprietários de escravos no Brasil.* São Paulo: MGSP, 1992.

COUTY, Louis. *L'Esclavage au Brésil.* Paris: Librairie de Guilaumin, 1881.

CURTIN, Phillip. *The Atlantic Slave Trade: a Census.* Madison: Wisconsin University Press, 1969.

DE DECCA, Edgar. *O Nascimento das Fábricas.* São Paulo: Brasiliense, 1982.

DIAS, Maria Odila Leite da Silva. " A Interiorização da Metrópole" In: Carlos Guilherme Mota. *1822: Dimensões.* São Paulo: Perspectiva, 1972.

DISNEY, A. R. *A Decadência do Império da Pimenta.* Trad. port. Lisboa: Edições 70, 1981.

DOLHNIKOFF, Miriam. "Introdução" In: Miriam Dolhnikoff (org.) *José Bonifácio - Projetos para o Brasil.* São Paulo: Companhia das Letras, 1998.

DUTRA, Francis. " Centralization vs. Donatarial Privilege: Pernambuco, 1603-1630". In: Dauril Alden (ed.) *Colonial Roots of Modern Brazil.* Los Angeles, 1973.

EISENBERG, Peter. *Homens Esquecidos.* Campinas: Editora da Unicamp, 1989.

ELLIOT, J. H. "Revueltas en la Monarquia Española" *Revoluciones y Rebeliones en la Europa Moderna.* Trad. esp. 5ª. ed. Madri: Alianza Editorial.

FAORO. Raymundo. *Os Donos do Poder.* 2ª ed. Porto Alegre/ São Paulo: Globo/Edusp, 1975. 2vols.

FARIA, Sheila Siqueira de Castro. *A Colônia em movimento.* Niterói: UFF, 1993.

FERLINI, Vera Lucia Amaral. *A Civilização do Açúcar.* São Paulo, Brasiliense, 1984.

_____, *O Engenho Sergipe do Conde 1622-1653. Contar, Constatar e Questionar.* São Paulo: FFLCH/USP, 1980, (dissertação de mestrado).

_____, *Terra, Trabalho e Poder. O Mundo dos Engenhos no Nordeste Colonial.* São Paulo: Brasiliense, 1988.

FERNANDES, Florestan. *Circuito Fechado.* São Paulo: Hucitec, 1978.

FLORENTINO, Manolo Garcia. *Notas Sobre os Negócios Negreiros o Porto do Rio de Janeiro (1790-1830).* Niterói: UFF, 1988.

_____, *Em Costas Negras.* Rio de Janeiro: Arquivo Nacional, 1995.

FLORESCANO, Enrique (coord.) *Haciendas, latifúndios y plantaciones en America Latina.* Trad. esp. 3ª ed. Mexico: Siglo XXI, 1978.

FLORY, Rae. *Bahia Society in the Midle Colonial Period: The Sugar Planters, Tabacco Growers , Merchants and Artisans of Salvador and Recôncavo. 1680-1725.* Austin: University of Texas, 1978, (PhD Thesis)

FRAGOSO, João Luís Ribeiro. *Homens de Grossa Aventura: Acumulação e Hierarquia na Praça Mercantil do Rio de Janeiro (1790 -1830).* Rio de Janeiro: Arquivo Nacional, 1992.

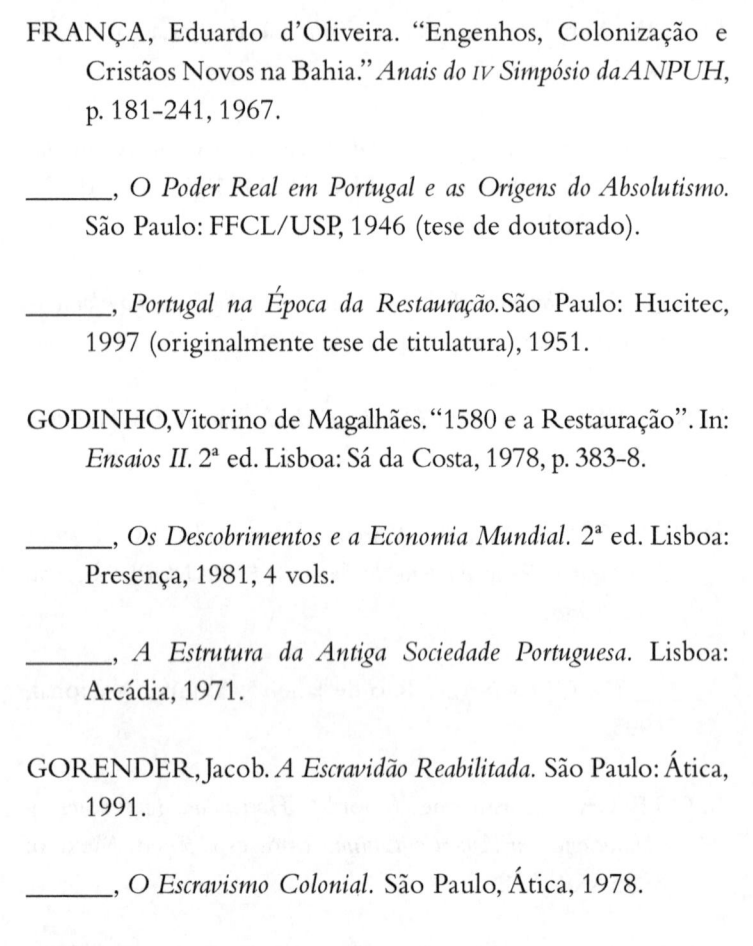

FRANÇA, Eduardo d'Oliveira. "Engenhos, Colonização e Cristãos Novos na Bahia." *Anais do IV Simpósio da ANPUH*, p. 181-241, 1967.

_____, *O Poder Real em Portugal e as Origens do Absolutismo*. São Paulo: FFCL/USP, 1946 (tese de doutorado).

_____, *Portugal na Época da Restauração*. São Paulo: Hucitec, 1997 (originalmente tese de titulatura), 1951.

GODINHO, Vitorino de Magalhães. "1580 e a Restauração". In: *Ensaios II*. 2ª ed. Lisboa: Sá da Costa, 1978, p. 383-8.

_____, *Os Descobrimentos e a Economia Mundial*. 2ª ed. Lisboa: Presença, 1981, 4 vols.

_____, *A Estrutura da Antiga Sociedade Portuguesa*. Lisboa: Arcádia, 1971.

GORENDER, Jacob. *A Escravidão Reabilitada*. São Paulo: Ática, 1991.

_____, *O Escravismo Colonial*. São Paulo, Ática, 1978.

GOULART, Maurício. *A Escravidão Africana no Brasil*. São Paulo: Alfa-Ômega, 1975.

GUIMARÃES, Alberto Passos. *Quatro séculos de latifúndio*, 3ª ed. Rio de Janeiro: Paz e terra, s/d.

HARRISON, William F. *A Struglle for Land in Colonial Brazil: The Private Captaincy of Paraiba do Sul*. (tese de PhD.), Universidade do Novo México, 1970.

HIRANO, Sedi. *Pré-Capitalismo e Capitalismo*. São Paulo: Hucitec, 1988.

HOLANDA, Sérgio Buarque de. *Raízes do Brasil* (1936). 4ª ed. Brasília: UNB, 1963.

_____, *Visão do Paraíso*, 2ª ed. revista e ampliada. São Paulo: Nacional/Edusp, 1969.

JANCSÓ, István. *Na Bahia Contra o Império*. São Paulo: Hucitec, 1996.

KANTOR, Iris. *Pacto Festivo em Minas Colonial*. São Paulo: FFLCH, 1996, (dissertação de mestrado).

KENNEDY, J. Norman. "Bahian Elites (1750-1822)". *Hispanic American Historical Review*. Duke University Press, 53(3): 413-439, nov. 1973.

KLEIN, Herbert. *The Middle Passage*. New Jersey: Princeton University Press, 1978.

KONRAD, Herman W. *Una Hacienda de los Jesuitas en el México Colonial: Santa Lucía, 1576-1767*. Trad. esp. México: Fondo de Cultura, 1995.

KOSHIBA, Luiz. *A Honra e a Cobiça*. São Paulo: FFLCH/USP, 1988, (tese de doutorado).

_____, *A Divina Colônia. Contribuição à História Social da Literatura*. São Paulo: FFLCH/USP, 1981 (dissertação de mestrado).

KULA, Witold. *Problemas y Métodos de la História Económica.* Trad. esp. 3ª ed. Barcelona: Península, 1977.

KUZNESOF Elizabeth. *Household Economy and Urban Development. São Paulo (1765-1836).* Westwiew Press, 1986.

LABROUSSE, Ernest. *Fluctuaciones Económicas e História Social.* Trad. esp. Madrid: Tecnos, 1973

LAPA, José Roberto do Amaral. *A Bahia e a Carreira das Índias.* São Paulo: Nacional: 1976.

LARA, Sílvia H. *Campos da Violência.* Rio de Janeiro: Paz e Terra, 1988.

LEITE, Serafim S. J. *História da Companhia de Jesus no Brasil.* Rio de Janeiro: Civilização Brasileira, 1945.

LEONZO, Nanci. *As Companhias de Ordenança na Capitania de São Paulo.* São Paulo: FFLCH/USP, 1975 (dissertação de mestrado).

LIBBY, Douglas. *Transformação e Trabalho em uma Economia Escravista.* São Paulo: Brasiliense, 1988.

LUNA, Francisco Vidal e COSTA, Iraci del Nero da. "Posse de Escravos em São Paulo no Início do Século XIX".*Estudos Econômicos.* São Paulo, 13(1):267, 1983.

MAGALHÃES, Joaquim Romero de. "Grandes Títulos e Fidalgos" e "Mobilidade e Cristalização Social". In: José Mattoso (org.) *História de Portugal.* Lisboa: Estampa, 1994, vol. 3, (No Alvorecer da Modernidade).

MARQUESE, Rafael Bivar. *Administração e Escravidão*. São Paulo: Hucitec/ Fapesp, 1999.

MARTINS, Fernando José. *História do Descobrimento e Povoação da Cidade de S. João da Barra e dos Campos dos Goitacases, Antiga Capitania da Parahyba do Sul*. Rio de Janeiro: Typographia de Quirino & Irmão, 1868.

MARTINS, Roberto Borges. *Growing in silence: the slave economy of nineteenth-century Minas Gerais, Brazil*. Ann Arbor, Michigan. Tese de doutorado, University Microfins International, 1980.

MARX, Karl. *Elementos Fundamentales para Critica de la Economia Politica (Grundrisse)*. Trad. esp. 10ª ed. México: Siglo XXI, 2 vols.

MATTOSO, José. *Identificação de um País*. Lisboa: Imprensa Universitária/Editorial Estampa, 1985, 2 vol.

MATTOSO, Katia de Queirós. *A Cidade de Salvador e seu Mercado no Século XIX*. São Paulo: Hucitec, 1978.

_____, *Ser Escravo no Brasil*. São Paulo: Brasiliense, 1982.

MAURO, Fréderic. *Le Portugal, Le Brasil et l'Atlantique*. Paris: Calouste Gulbenkian, 1983.

_____, *Nova História – Novo Mundo*. São Paulo: Perspectiva, 1969.

MELLO, Evaldo Cabral de."Uma Nova Lusitânia". In: MOTA, Carlos Guilherme (org.). *Viagem Incompleta.* São Paulo: Senac, 2000, p. 73-100.

_____, *A Fronda dos Mazombos.* São Paulo: Companhia. das Letras, 1995.

_____,*O Nome e o Sangue.* São Paulo: Companhia das Letras, 1989.

_____,*Olinda Restaurada,* Rio de Janeiro: Forense/Edusp, 1975;

_____,*Rubro Veio* (O Imaginário da Restauração Pernambucana). Rio de Janeiro: Nova Fronteira, 1986.

MELLO, José Antonio Gonsalves de. *João Fernandes Vieira, Mestre de Campo do Terço da Infantaria de Pernambuco.* Recife: Universidade do Recife, 1956.

MENDES, Claudinei Magno M. *Construindo um Mundo Novo.* São Paulo: FFLCH/USP, 1996, (tese de doutorado).

MENDES, Renato da Silveira. *As Paisagens Culturais da Baixada Fluminense.* São Paulo: FFCL/USP, 1950.

MESGRAVIS, Laima. "Os Aspectos Estamentais da Estrutura Social do Brasil Colônia". *Estudos Econômicos.* São Paulo: 13 (especial), 1983.

MORAES FILHO, Mello. *Festas e Tradições Populares no Brasil.* São Paulo/Belo Horizonte: Editora da USP/Itatiaia, 1979.

MOTA, Carlos Guilherme. *Atitudes de Inovação no Brasil (1789-1801)*. Lisboa: Horizonte, s/d.

_____, *Nordeste 1817*. São Paulo: Perspectiva, 1972.

MUCHEMBLED, Robert. *Culture Populaire et Culture des Élites Duns la France Moderne (xve-xvIIIe siécle)*. Paris: Flammarion, 1978.

NAXARA, Marcia Capelari. *Estrangeiro em sua Própria Terra*. São Paulo: Anablume/Fapesp, 1998.

NICKEL, Herbert J. *Morfología Social de la Hacienda Mexicana*. Trad. esp. México: Fondo de Cultura, 1996.

NOVAIS, Fernando A. "Condições de Privacidade na Colônia": *História da Vida Privada*. São Paulo: Companhia das Letras, 1997, vol. 1.

OLIVEIRA, Cecília Helena L. de Salles. *A Astúcia Liberal*. São Paulo: Icone/USF, 1999.

PALÁCIOS, Guillermo. *Cultivadores Libres, Estado y Crisis de la Esclavitud en Brasil en la Época de Revolución Industrial*. México: Fondo de Cultura Económica, 1998.

PEREGALLI, Enrique. *Recrutamento Militar no Brasil Colonial*. Campinas: Editora da Unicamp, 1986.

PEREIRA, José Higyno Duarte. "Relatório sobre as Pesquisas Realizadas em Holanda", Recife: *RIAGP*, 30, 1886.

PETRONE, Maria Thereza Schorer. *A Lavoura Canavieira em São Paulo.* São Paulo: Difusão Europeia do Livro, 1968.

PINHO, Wanderley. *História de um Engenho do Recôncavo.* 2ª ed. São Paulo/Brasília, Nacional/INL, 1982.

PRADO JR. Caio. "História Quantitativa e Método da Historiografia." Debate e Crítica. São Paulo, 6:11-19, julho de 1975.

_____, *Formação do Brasil Contemporâneo (1942).* 13ª ed. São Paulo: Brasiliense, 1973.

PRIORE, Mary Del. *Festas e Utopias no Brasil Colonial.* São Paulo, Brasiliense, 1994.

PUNTONI, Pedro. *A Mísera Sorte.* São Paulo: Hucitec, 1999.

QUEIROZ, Suely Robles Reis de. Algumas Notas Sobre a Lavoura de Açúcar em São Paulo no Período Colonial. *Anais do Museu Paulista*, 21: 109-277, 1967.

_____, *Escravidão Negra em São Paulo.* Um Estudo das Tensões Provocadas pelo Escravismo no Século XIX. Rio de Janeiro: José Olympio, 1977.

RAPASSI, Maria José. *Fortunas Coloniais (Elite e Riqueza em Salvador. 1760-1808).* São Paulo: FFLCH/USP, 1998 (tese de doutorado).

REIS, João José e SILVA, Eduardo. *Negociação e conflito: a resistência negra no Brasil escravista.* São Paulo: Companhia das Letras, 1989.

REIS, João José. *A Morte é uma Festa*. São Paulo: Companhia das Letras, 1991.

RILEY, Denson. "Santa Lucia: desarrollo y administración de una hacienda jesuítica en el siglo XVII". In: Enrique Florescano (coord.) *Haciendas, latifúndios y plantaciones en America Latina*. Trad. esp. 3ª ed. Mexico: Siglo XXI, 1978).

ROCHA, Antonio Penalves. *A Economia Política na Sociedade Escravista*. São Paulo: História Econômica FFLCH/USP/ Hucitec, 1996.

RODRIGUES, José Honório. *História da História do Brasil*. São Paulo/Brasília: Nacional/INL, 1979 (Historiografia Colonial).

ROMANO, Ruggiero. "Tra XVI e XVII Secollo. Una Crisi Economica: 1619-1622". *Revista Storica Italiana*, Roma. 3: 480-531, 1962.

RUSSEL-WOOD, A.J.R. *Fidalgos e Filantropos. A Santa Casa de Misericórdia da Bahia. 1500-1755*. Trad. port. Brasília: Ed. Universidade de Brasília, 1981.

SAMARA, Eni de Mesquita. *O Papel do Agregado na Região de Itu de 1780 a 1830*. São Paulo: Museu Paulista, 1977.

SAMPAIO, Theodoro. "O Sertão Antes da Conquista". *Revista do Instituto Histórico e Geográfico de São Paulo*. São Paulo: 5:79-94.

_____, *História da Cidade de Salvador*. Salvador: Tipografia Beneditina, 1949

SCHWARTZ, Stuart. "Luso Spanish relations in Hapsburg Brazil. The Americas. 25(1): 33-48, julho de 1968.

_____, "Conceptualizing Pos Dependentista Brazil: Colonial Historiography and the Search of New Paradigms" *mimeo*.

_____, *Segredos Internos*. Trad. Port. São Paulo, Companhia das Letras, 1988.

_____, "Free Labor in a slave economy: the Lavradores de Cana of colonial Brazil, *Papers of the Newberry Library Conference*, Berkeley, University of California Press, 1973, 147-97.

_____, "Colonial Identities and the Sociedad de Castas". *Colonial Latin American Review.* 4(1): 185-201, 1995.

_____, "Free Labor in a Slavery Society" In: Dauril Alden. *Colonial Roots of Modern Brazil.*

_____, "Gente da Terra Braziliense da Nasção. Pensando o Brasil: a Construção de um Povo" In: MOTA, Carlos Guilherme (org.). *Viagem Incompleta*. São Paulo: Senac, 2000, p. 102-25.

_____, "Padrões de Propriedade de Escravos nas Américas: Novas Evidências para o Brasil." *Estudos Econômicos*. São Paulo: 13(1):267, 1983.

_____, "Somebodies ansd Nobodies in the Body Politic. Mentalities and Social Structures in Colonial." *Latin American Research Review*, 31(1): 113-134, 1996.

_____, "The Plantations of St. Benedict: The Benedictine Sugar Mills of Colonial Brazil". *The Americas*. Washington, 39(1): 1-22, julho de 1982.

_____, *Segredos Internos*. Trad. port. São Paulo: Companhia das Letras, 1988.

SHERIDAN, R. B. "The Wealth of Jamaica in the eighteenth century: a rejoinder". *The Economic History Review*. England, Second Series, 21(1): 41-61, abril de 1968;

SILVA, Francisco Carlos Teixeira da. "Pobres, Marginais e Desviantes", In: *Estudos sobre a Marginalidade*, Niterói: Cadernos do ICFH/UFF, 1990.

SILVA, Francisco Carlos Teixeira da. *A Morfologia da Escassez: Crises de Subsistência e Política Econômica no Brasil Colônia*. Niterói: UFF, (tese de doutorado), 1990.

SILVA, Lígia Osório. *Terras Devolutas e Latifúndio*. Campinas: Editora da Unicamp, 1996:

SOBOUL, Albert. Descrição e medida em História Social In: Vitorino de Magalhães Godinho (org.). *A História Social. Problemas, fontes e métodos*. Trad. port. Lisboa: Cosmos, 1973.

SOUZA, Laura de Mello e. *Desclassificados do Ouro*. Rio de Janeiro: Graal: 1983.

STOLS, Eddy. Os Mercadores Flamengos em Portugal e no Brasil Antes das Conquistas Holandesas. Assis, *Anais de História*. Ano 5: 9-54, 1973.

STRONG, Roy. *Les Fêtes de la Renaissance (1450-1650). Art et Pouvoir.* Paris: Solin, 1990.

TENGARRINHA, José. (org.) *História de Portugal.* Bauru/São Paulo: Edusc/Unesp, 2000.

THOMAS, Keith. *Religion and the Decline of Magic.* London: Penguin Books, 1976.

THOMAS, R. P. "The sugar colonies of the Old Empire: Profit or Loss for Great Britain?" *The Economic History* Review. England, 21(1): 30-45, abril de 1968;

TORGAL, Luis Reis. *Ideologia Política e Teoria do Estado na Restauração.* Coimbra: Biblioteca Geral da Universidade de Coimbra, 1981.

VARAGNAC, André. *Civilisation Traditionnelle et Genres de Vie.* Paris, 1948.

VÁRZEA, Affonso. *Geografia do Açúcar no Leste do Brasil.* Rio de Janeiro, 1943.

VERGER, Pierre. *Flux e Reflux de la Traite des Nègres entre le Golfe de Bénin et de Bahia de Todos os Santos du XVII auXIX siècles.* Paris: Mouton, 1968;

VILAR, Pierre."El Tiempo de Quijote" In: *Crecimiento y Desarrollo.* Trad. esp. Barcelona: Ariel, 1974.

WARD, J. R. "The profitability of sugar plantations in the British West Indies, 1650-1834". *The Economic Review.* England, 31(2): 197-213, maio de 1978.

WATJEN, Hermann. *O Domínio Colonial Holandês no Brasil, Um Capítulo nas História Colonial do Século XVII*. São Paulo: Nacional, 1938.

ZALUAR, Alba Maria. *Os Homens de Deus: Um Estudo dos Santos e das Festas no Catolicismo Popular*. Rio de Janeiro,:Zahar, 1983.

ZEMELLA, Mafalda P. *O Abastecimento da Capitania das Minas Gerais no Século XVIII*. 2ª ed. São Paulo: Hucitec/Edusp, 1990 (1ª ed. 1951).

Esta obra foi impressa em Santa Catarina na primavera de 2010 pela Nova Letra Gráfica & Editora. No texto foi utilizada a fonte Bembo, em corpo 11 e entrelinha de 14,5 pontos.